El primer reportaje fotográfico de la ciudad.

The first photographic reportage of the city.

Buenos Aires Off

emociones, pasiones y tango

emotions, passions and tango

Don Rypka
Fotografía

Sebastián Rota
Diseño Gráfico

Ernesto Cukierman
Idea - Editor General

Gabriel M. Sanchez
Productor Ejecutivo

Victoria Gesualdi
Asistencia de fotografía

Horacio Cárdenas Rivarola
Textos

Jorgelina Vittori
Traducción

Cukierman
Editores

Rypka, Don
Buenos Aires off : emociones pasiones y tango / Don Rypka y
Ernesto Cukierman. - 1a ed. - Buenos Aires : Cukierman Editores, 2005.
108 p. ; 25x22 cm.

ISBN 987-22262-0-2

1. Buenos Aires-Fotografía. I. Cukierman, Ernesto. II. Título
CDD 779.436 821 1

Fecha de catalogación: 30/06/2005

Cukierman
Editores

www.bsasoff.com.ar
bsasoff@cukiermaneditores.com.ar

Lavalle 1290 3° piso of. 307
Ciudad Autónoma de Buenos Aires
República Argentina
(54-11)4382-6743 15-5001-3852

ISBN: 9872226202

Impreso en Argentina en el mes de julio de 2005
en los talleres de Latingrafica.

Auspiciado por:

gobBsAs

SECRETARIA DE CULTURA

Buenos Aires Off

emociones, pasiones y tango

emotions, passions and tango

El origen.

Santa María del Buen Ayre, patrona de los navegantes, de aquellos que sin saberlo, fundaron nuestra historia, de aquellos que llegaban para marcharse.
Así fue; seguramente avanzaron por Paseo Colón hacia el sur, luego Almirante Brown, y antes de llegar a la Vuelta de Rocha, el lugar donde tal vez en febrero de 1536 don Pedro[1], al amparo del río pequeño[2], haya echado sus cimientos. O tal vez el lugar haya sido el actual parque Lezama[3].
Muchas son las discusiones que provoca la historia, de todos modos por allí pasó, y por allí pasaron los que con él vinieron.
Pero estaban ellos, los otros, sus dueños, que eran muchos y eran bravos. Tarde o temprano vendría lo inevitable, la huida, el abandono, la quema de todas las casas. Sólo siete caballos y cinco yeguas dejaron, para remontar el río rumbo a Asunción.
Pensar que vinieron en busca del oro y la plata. Los trajo la prisión, la aventura, el deseo, la riqueza. Es que siempre antes de la acción existió la utopía.
La historia de Buenos Aires empieza lentamente a ser la

Origin

The name comes from *Santa María del Buen Ayre*, patron saint of the navigators who, unaware, laid the foundations of the city's history –those who arrived to leave.
They could have advanced down *Paseo Colón* Avenue to the south, then taken *Almirante Brown* Avenue and finally arriving at *Vuelta De Rocha*, the place where *don* Pedro[1], under the protection of the small river[2], may have laid the city's foundations in February 1536. Or it could have even occurred where *Parque Lezama* today stands[3]. While the history is not clear, he must have surely passed by those places with those who came with him.
But what about the original land holders, the native inhabitants who were many and brave? Sooner or later, the inevitable would come: the newcomers would be forced to leave with their homes burning Only seven horses and five mares would be left for their journey up the river to Asunción.
They came for the gold and silver. Escape from prison, dream of adventure, desire, and riches brought them.

historia de la añoranza y la ilusión, del incierto futuro que mira a un pasado que cree mejor.

Tuvieron que pasar casi cuarenta años para que comenzara de mano del vasco don Juan de Garay, la fundación de la ciudad[4].

Buenos Aires fue una ciudad pobre, donde sobresalían sólo las cúpulas de las principales iglesias, pocas calles empedradas, senderos de tierra polvorientos, desperdicios y pantanos. La vida era monótona, chata y demasiado tranquila. A la hora de la siesta solo se veían perros o médicos. Mientras las vidas transcurrían en las esquinas con sus pulperías y tiendas, o en la plaza de Mayo, o simplemente en las casas; mientras el tedio dominaba, el hongo seguía creciendo sobre la pampa.

Las tertulias gozaban de predilección. Su estímulo mayor era la conversación, siempre la conversación, matizada con algunos mates en invierno o agua fresca durante el verano, hasta el momento del baile.

Algunos se habían dado cuenta de que no había oro, otros se empeñaban en hacer como si lo hubiera.

Una ciudad que sólo era sacudida por el resonar de los tambores de los negros en su candombe, especialmente por San Telmo al sur. Del otro lado la pampa.

Hasta que un día Buenos Aires decide dejar de ser la gran aldea y convertirse en ciudad, y para ello abrió sus brazos al mundo. Habían pasado más de trescientos años.

El proyecto.

Empezaron a llegar desde todos los lados[5]. Comenzaba el largo, doloroso y masivo peregrinar de los recién llegados, que cambiaron profundamente la historia de la ciudad.

Los italianos del norte y del sur conformaron el grupo más

Little by little the history of Buenos Aires came to be the history of yearning and illusion, of the uncertain future while dreaming of a better past.

Almost forty years had to go by before the foundation of the city began with the Basque *don* Juan de Garay[4].

Buenos Aires was then a poor city, where only the churches' domes, a few cobbled streets, dusty earth lanes, swamps and their garbage stood out. Life was monotonous, too quiet and dull. At nap time, only dogs and physicians could be seen. Meanwhile, life went by on the corners with their *pulperías* and stores, or at *Plaza de Mayo*, or simply at home. While more and more citizens arrived, the city expanded like the mushroom over the *pampas*.

Tertulias (social gatherings) were mostly preferred. Their main motivation was the conversation, always the conversation, accompanied with some *mate* in winter or cool water in summer.

Some realised there was no gold at all, some others still chose to pretend there was.

The only music came from the sound of the drums of the blacks and their original music, the *candombe*. It could be heard especially in *San Telmo* to the south.

Then one day Buenos Aires decided to change from a big village to a city, and to do this, she opened her arms to the world. More than three hundred years had passed.

The Project

They came from everywhere[5]. The long, painful and massive immigration of the new arrivals started which would drastically change the city history. The tides from the north and south of Italy were the largest groups. The Spanish were next: they

numeroso. Los españoles les siguieron en importancia: vinieron de Galicia, Asturias, el país Vasco, Cataluña y Castilla. Los grupos de ingleses, franceses, alemanes o suizos, llegaron con instrucción y dinero (bienes escasos en la Buenos Aires de entonces), que invirtieron en el campo y la industria. Más tarde los judíos, rusos, sirios, libaneses y armenios con su diversidad de lenguas y religión. Todos dejaron sus marcas en la ciudad europea de Latinoamérica. Hoy se adivina su presencia en rostros, comidas, arquitectura, calles, instituciones.
Mientras tanto la aldea va quedando atrás, y Buenos Aires sigue creciendo. El puerto de la ciudad pasa del sur al norte, y los que antes eran lugares orilleros, como Retiro y La Recoleta, se poblaron de quintas aristocráticas y de suntuosos palacios. Sus dueños escapan de San Telmo ante la presencia de la fiebre amarilla[6], y sus grandes y suntuosas casas pasan a transformarse en los nuevos conventillos, que volverán a ser habitados por los de siempre, los pobres, que siguen llegando.
Vivieron en conventillos[7], junto a negros libertos y gauchos que abandonaron el campo. Lugar de los desplazados, los desesperados, los solitarios, lugar de hombres solos que disputan caricias de las escasas mujeres de entonces. Curiosamente nunca se integraron, tampoco se confundieron; siendo como eran, gestaron una nueva manera, nueva forma de porteñidad, una nueva identidad.

came from Galicia, Asturias, the Basque Country, Catalonia and Castile. The groups of English, French, German or Swiss, came with education and money (rarities in the Buenos Aires of that time) and invested in agriculture and industry. Later came the Jews, Russians, Syrians, Lebanese and Armenians, with their diversity of languages and religions. All left their marks in this European city of Latin America. Their presence can be seen today in faces, food, customs and architecture.
The growth was never-ending. The port of the city was moved from the south to the north, where before there were only riverbanks in places such as Retiro and Recoleta. Aristocratic weekend homes and magnificent palaces were built. Their owners escaped the threat of the yellow fever[6] in *San Telmo*, where their great and magnificent houses became the new *conventillos*[7] to be occupied by the poor, who kept arriving.
They lived in *conventillos*, together with emancipated blacks and *gauchos* who had left the countryside. It was the place of the outcast, the desperate, the lonely, the place where the solitary men fought for the caresses of the few women.
Curiously, they never integrated, they simply gave birth to a new style, a new way of *porteñidad*, a new identity for the *porteños* (residents of Buenos Aires).

El tango.

Como los navegantes, vinieron para irse, pero terminaron quedándose con nueva compañía: "la nostalgia", de la que no se desprenderán más. Nostalgia que se transformó en relatos, canciones, formas, costumbres, tradiciones, lágrimas y recuerdos.
Y así, en los márgenes de una ciudad que los desconoce y

Tango.

Like the seafarers, they came to leave. But in the end, they had a new companion: 'nostalgia', which would never leave them. Nostalgia became songs, customs, traditions, tears, memories and tales.
And so, in the margins of a city which didn't recognise them and expeled them, they looked for comfort. Comfort which

expulsa, van en busca del consuelo. Consuelo que van encontrando en el entorno, en el café, en el prostíbulo, es decir allí mismo.
Hombres que conforman la cultura del cuchillo y el coraje, del honor y la pelea, del sexo fugaz y la presencia viril. Hombres que aman mientras no desean y desean mientras no aman. Siempre hombres solos, diestros y valientes en el manejo del acero, y que junto a la nostalgia van produciendo la gran creación: el tango y su principal instrumento, el bandoneón. Búsqueda desesperada de identidad que transita hasta transformarse en lo que debía ser:
"...un sentimiento triste que se baila..."[8].
Hasta que un día apareció Carlitos[9], y con él el tango dedicado al amor perdido, al amor ausente. Varones amuraos[10], declamando el engaño sufrido, y el tango anunciando la imposibilidad del deseo. Se había configurado la identidad porteña, melancólica, de tristes y pícaros ojos, de guiños y cadencias, de sonrisas viriles, y de mucho pero mucho más.

they found in the café, in the brothel, or in their same neighbourhood.
These men came from the knife, honour, the fight and fleeting sex. These men loved without desire, and desired without love. Lonely men, skilled and brave in the use of the blade who, along with the nostalgia, produced the tango and its principal instrument, the *bandoneón* (the accordion). It was a desperate search for identity, which finally turned into what it should be: '... a sad feeling to be danced...'[8]
Then one day *Carlitos*[9] appeared, and with him, the tango dedicated to lost and absent love. *Varones amuraos*[10] denounced their deceit and the tango announced the impossibility to fulfil the desire. The identity of Buenos Aires had been constituted: melancholic, of sad and wicked eyes, suggestive words and winks of the eye, of virile smiles, and much, much more.

La historia continúa.

La vieja aldea se transformaba por obra ciudadana en una de las ciudades más ricas e importantes del mundo.
Fue difícil el crecimiento, no había lugar para todos. Una ciudad para lucir ante la mirada del extranjero, y como de costumbre la otra, la ciudad de las sombras. La tensión atravesó la historia alternando democracia con botas y botas con intenciones de democracia. Las masas desplazadas, los poderosos asustados, los tanques a la espera. Sucesión de gritos y silencios. A veces unos, otras veces los otros.
El día menos pensado fueron a buscarlo[11]. El General[12] se parecía a Carlitos, para muchos era lo que las masas

The story continues.

The old village became, by the inhabitants' work, one of the richest and most important cities in the world.
The growth was difficult, there was no room for everyone. The city became the place for the foreigners to admire but also, a place with its own shadows. Tension was always present in its history: democracy with boots-of-war alternating with boots-of-war with intentions of democracy. The displaced masses, the frightened wealthy, waiting tanks of war. Succession of shouts and silences. Sometimes some, sometimes others.
And on the least-likely day they went to look for him[11], the General[12]. He looked like Carlitos and represented what the

Torre River View, 7:00 a.m.

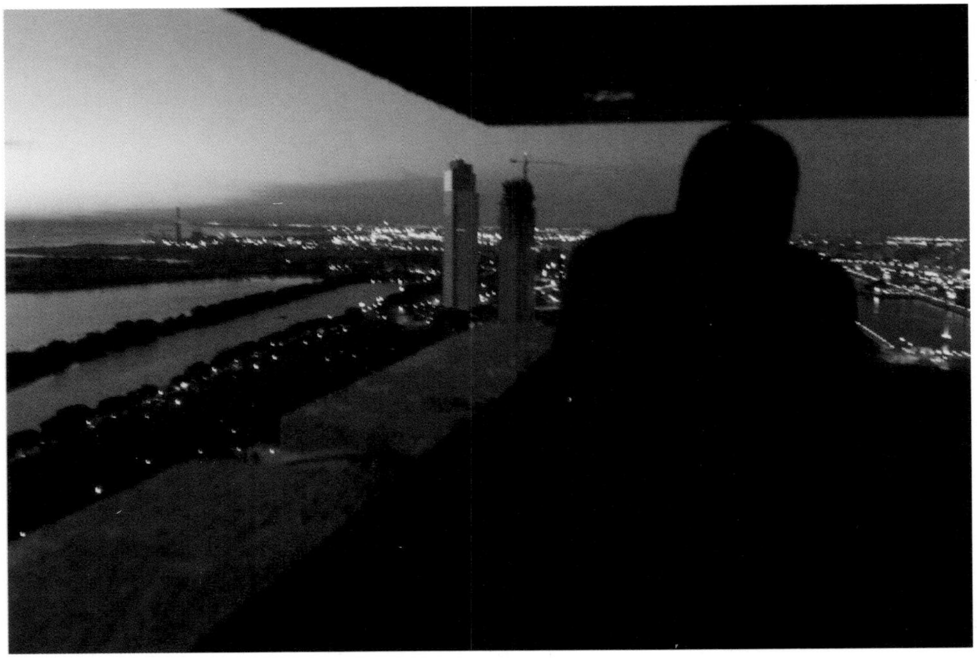

necesitaban. Se las vió como marea que inunda la ciudad, eran ellos, pero ahora protagonistas. Provenientes de afuera y de adentro, de abajo y de allá, formaron el cordón de Buenos Aires, haciéndola interminable para siempre.
Un nuevo héroe asoma en el horizonte, Evita[13], la primera bicicleta, la máquina de coser, las vacaciones junto al mar, la esperanza. Mientras tanto, tango y más tango.
Las transformaciones urbanas se sucedieron. Las grandes construcciones, los rascacielos, automóviles, semáforos, palacios de cristal, el cinemascope.
La ilusión y su presencia, que como tantas veces, intenta otorgarle al tango y a la nostalgia (su musa inspiradora), la definitiva partida de defunción.
Llegó el rock, los 60, la minifalda, los intelectuales, los gruesos anteojos, el happening del Di Tella, los extraños de pelo largo, el Lee, y el olvidado andar cansino. Una música los refleja, y es la música de Astor Piazzolla.
Vinieron otros héroes, como el Che[14], o el Diego[15]. Y también vinieron otros tiempos, la ruptura de ilusiones, el mundo globalizado, la inflación, el default, que mostraron, sin aviso previo, la otra cara de la luna.
Pero Buenos Aires permanece en sus utopías, ilusiones, permanece como lugar de la diversidad, de la resistencia y de la creación. Nada logró ofender su belleza, opacar su brillo, oscurecer su espíritu.

De paseo por Buenos Aires.

Si alguna ciudad puede ser vivida en todos los momentos y en todos los lugares, si alguna ciudad se muestra como mosaico de culturas propias y lejanas, si alguna ciudad fusiona lo diferente mostrándose como única, si alguna ciudad nunca duerme, esa ciudad es Buenos Aires.

masses needed. They appeared like flooding tides over the city –it was the same masses but they became the main protagonists. Coming from everywhere, they formed the belt around Buenos Aires, making the city's dimensions unending.
From the horizon arrived a new hero, Evita[13], and with her the first bicycle, the sewing-machine, seaside holidays, and hope.
Meanwhile, tango, tango and more tango. And the urban transformation followed: the big buildings, skyscrapers, automobiles, traffic lights, crystal palaces, the cinema.
The illusion and its presence, as in other cases, tried to give tango and nostalgia their death certificate.
The sixties arrived with its rock and roll, the mini-skirt, intellectuals, thick eye-glasses, the Di Tella artistic centre, the weird long-hair, Lee jeans, while the weary way of walking continued. One music reflects them all, and it is Astor Piazzolla's music.
Other heroes came like *el Che*[14], or *el Diego*[15], as well as other times, broken hopes, the globalised world, inflation, default, which all showed the other side of the coin.
However, Buenos Aires still holds to its illusions remaining a place of diversity, of creation and resistance. Nothing could offend its beauty, take away its shine, darken its spirit.

Getting around Buenos Aires.

If there is a city in the world that can be enjoyed at any moment and any place, a city that is a perfect patchwork of local and far-away cultures, a city that merges the different and appears unique, a city that never sleeps, that city is Buenos Aires.

Plaza Francia, 9:30 a.m.

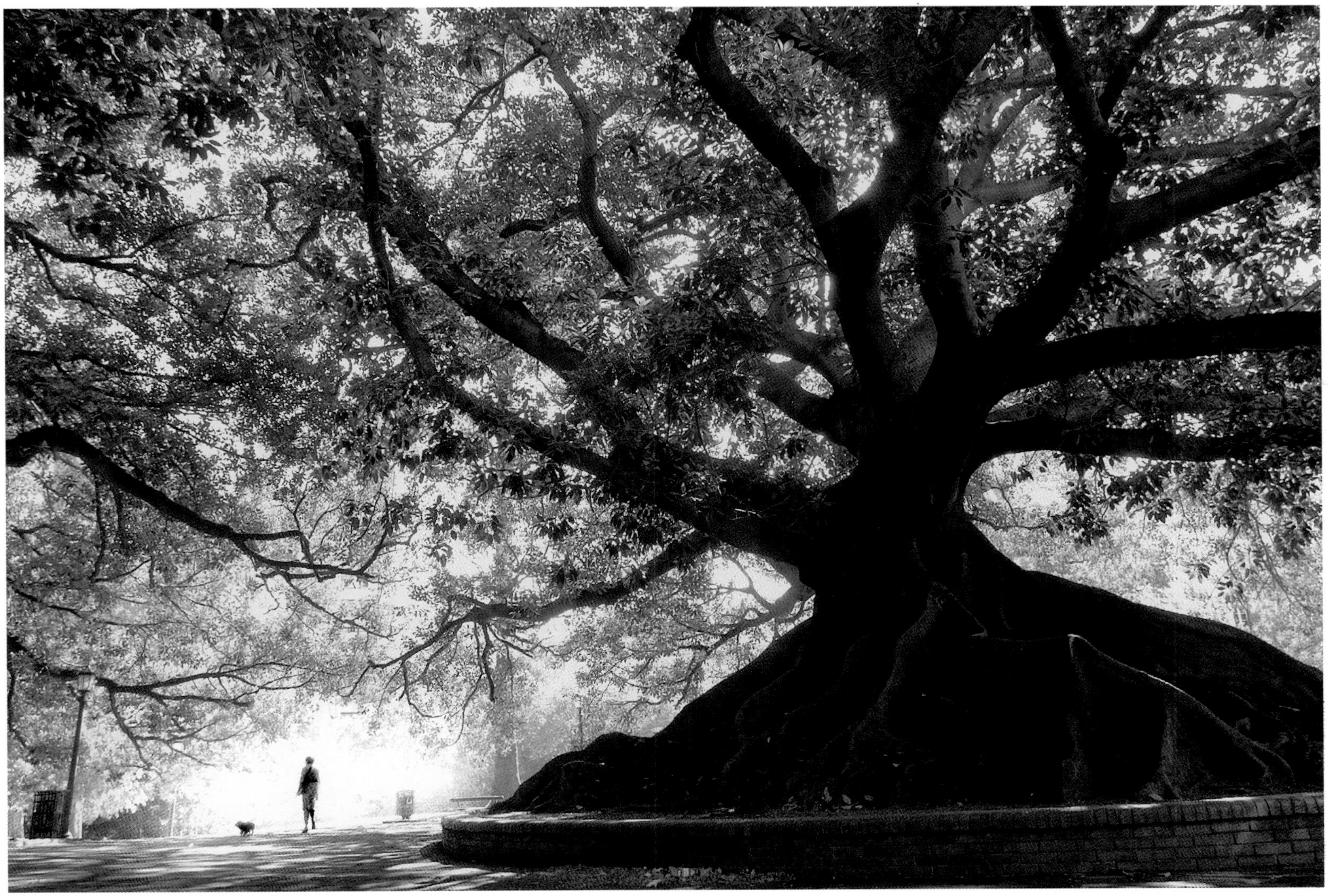

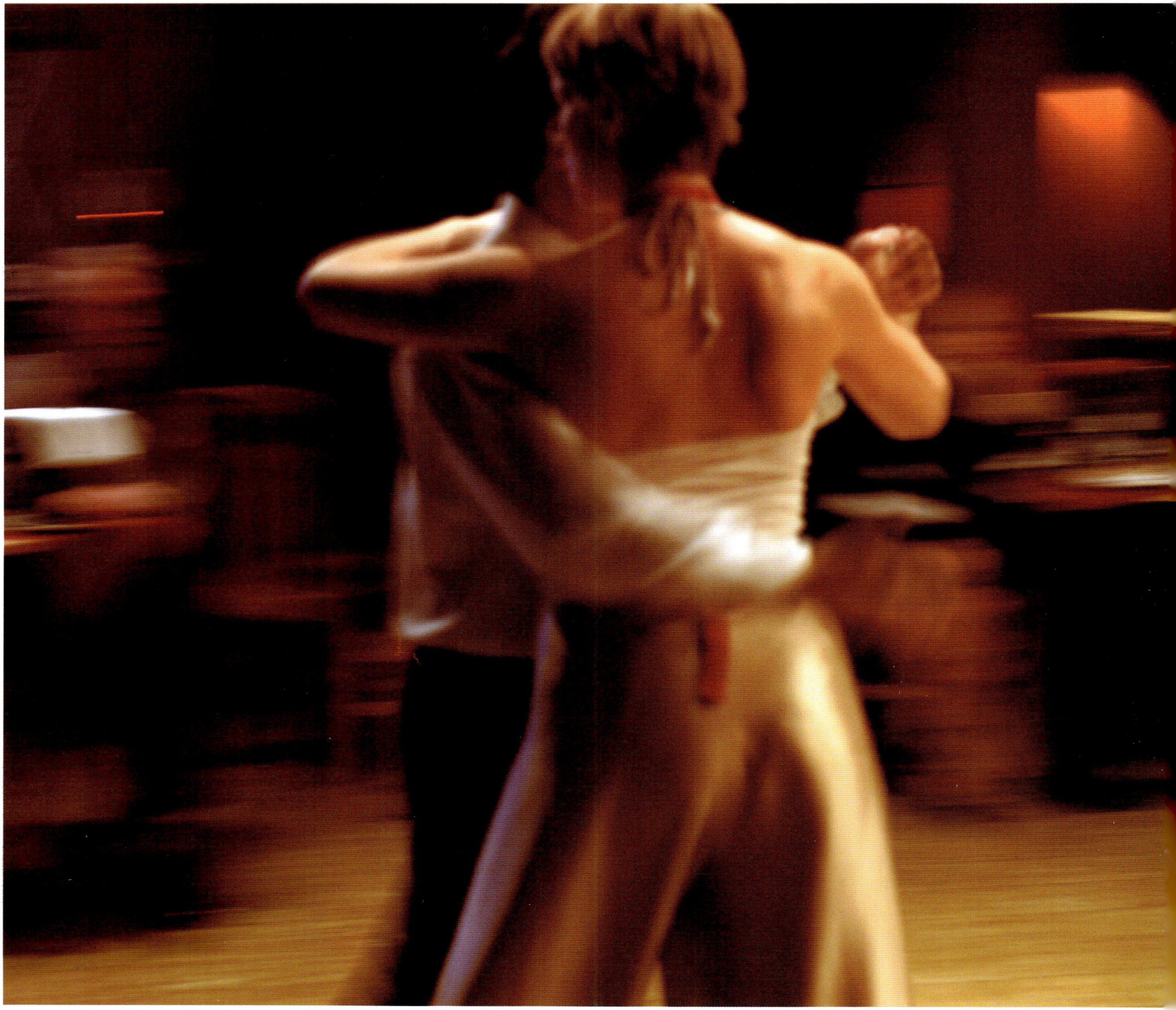

"¡Así se baila el tango!
Sintiendo en la cara
la sangre que sube
a cada compás;
mientras el abrazo,
como una serpiente,
se enrosca en el talle
que se va a quebrar.
¡Así se baila el tango!
Mezclando el aliento,
cerrando los ojos,
pa´ escuchar mejor,
cómo los violines
le cuentan al fueye
por qué desde esa noche
Malena no cantó".

Así se baila el tango.
Marvil y Elías Randal.

That's the way tango is danced!
Feeling in your face
The blood that crawls up
In each beat;
While the hug,
Like a serpent,
Coils up around the waist
That is about to break.
That's the way tango is danced!
Mixing breaths,
Closing eyes
To better listen to
How violins
Tell the accordion
Why from that night on
Malena didn't sing at all.

That's the Way Tango Is Danced.
Marvil and Elías Randal.

El verano ardiente y pasional, como sus habitantes. Hacia el otoño la ciudad pasa del verde al ocre y amarillo. Las hojas de los árboles caen y de pronto, imprevistamente, aparece otra ciudad, ahora desnuda. Las fachadas de los edificios, los frontispicios, las balaustradas, la ornamentación, los techos, las mansardas, los balcones con sus flores. La imponente arquitectura italiana, la francesa, el Art nouveau, el eclecticismo y el Art decó, el neocolonial y el barroco americano, las casas-chorizo, las casas-quintas, y tantas otras.
El invierno benigno, tolerante, al acecho de la primavera con su explosión de flores y mujeres, o de mujeres y flores.
¡Qué placer es caminar por Palermo, o por la Avenida de Mayo, o desayunar en la Boca, almorzar en Puerto Madero, asombrarse en Recoleta, espiar libros en la calle Corrientes!. De día y de noche, siempre caminando y conversando.
Una mañana por el centro, zona de edificios públicos, de oficinas, de bancos e instituciones de la cultura. La historia pasa por la Plaza de Mayo. Allí el pueblo quería saber "de qué se trata", allí caían las bombas que echaban a Perón, allí desde el balcón de Evita, Maradona alzaba la copa de campeón, allí las Madres, las "locas de la Plaza" construían otra historia. Los jueves por la tarde las madres y su ronda, cualquier día piquetes, festejos y reclamos, y como siempre muchos caminando.
La querida plaza, de espaldas al río, lanza sus calles y diagonales, para acercar la mirada a la "Manzana de las luces", o al Obelisco atravesando el cielo, o la Catedral y su misterio. La Avenida de Mayo, la ibérica, muestra al caminante un museo arquitectónico, con la excusa de unir la Casa Rosada con el Palacio Legislativo, de tomar un café en el Tortoni[16], o de jugar en los 36 Billares[17]. Muy cerca de allí la calle Corrientes, con sus teatros de revistas y de los otros, cafés y restaurantes, cines, librerías y libreros, y gente, mucha gente.

Its summer is burning and passionate like its inhabitants. In autumn, the city goes from green to ochre and yellow. Leaves fall and suddenly, unexpectedly, a new city appears, now naked: with its ornate-building façades, balustrades, roofs, mansards and flowered balconies, imposing Italian and French architecture, Art Nouveau, eclecticism, and Art Deco, the neocolonial, and American Baroque, *casas chorizo* (sausage-like houses), country houses. Mild, benevolent winters follow, lying in wait for the spring to come with its burst of blossoms and women, or women and blossoms.
How pleasant it is to walk around Palermo, or *Avenida de Mayo*, or even have breakfast in *La Boca*, lunch in Puerto Madero, be dazzled in Recoleta, thumb through pages of books on Corrientes Avenue. The days and nights are for walking and conversing.
On any casual morning in the center, the Plaza de Mayo can be the scene of history. It was there that people wanted to know '*what is going on*', the bombs overthrowing Perón exploded, from Evita's balcony Maradona held up the championship cup, where the *Mothers*, 'the crazy women of the *Plaza*', on Thursday afternoons gather to protest the disappearance of their children. On any day demonstrations, celebrations and claims can be seen while the city continues its routine.
From the beloved *Plaza*, with its back to the river, go out the city's streets to find the '*Manzana de las luces*', or the Obelisk reaching out to the sky, or the Cathedral and the city's mysteries. Walking along *Avenida de Mayo* shows the stroller an open air museum filled with architecture with the excuse to join the *Casa Rosada* (Government House) with the Legislative Palace, maybe have a coffee at *Tortoni*[16], or play a pool at *36 Billares*[17]. Close by is Corrientes Avenue with its diverse theatres, coffee bars and restaurants, cinemas,

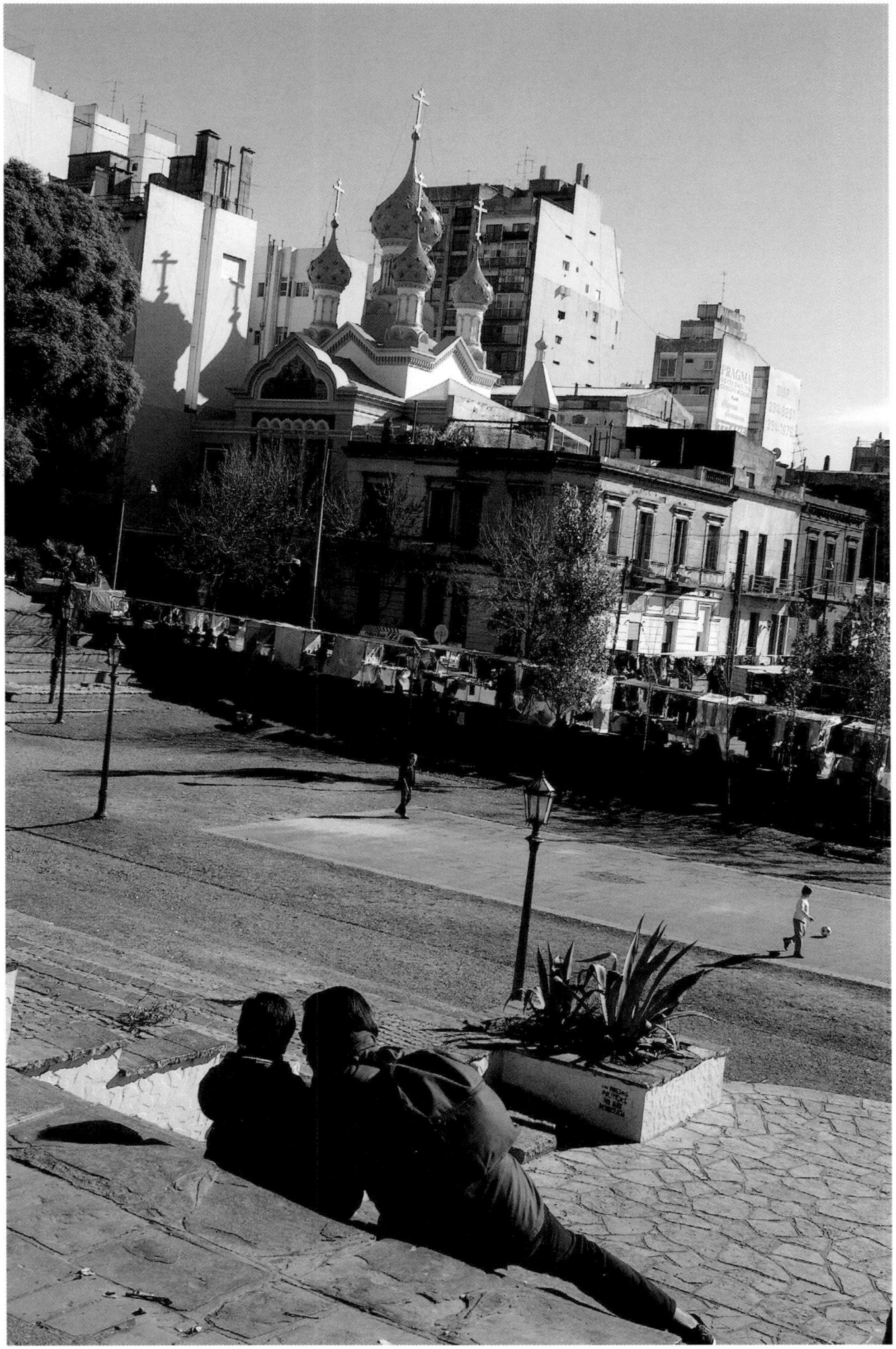

Parque Lezama, 10:30 a.m.

Pero Buenos Aires no es su centro, es la suma de todas esas pequeñas geografías que son sus barrios, esos mundos que reflejan todos los lugares del mundo, y que conforman maneras particulares de ver, sentir y pensar la ciudad.
Hacia el Sur, San Telmo, la ciudad vieja, la que aún conserva las marcas de lo vivido. El luminoso barrio de los anticuarios, amigos de los conventillos y del turismo, que sufrió el abandono y la renovada presencia de juventud, ideas y creación. Un domingo en la plaza de la Defensa, respirando el tiempo del patio de los Ezeiza, ante los complejos pasos tangueros del Tasso, o la paz colonial de la calle Balcarce, o de Méjico y Chile, corazón empedrado de Buenos Aires.
Como la ciudad nació sin Este, dando la espalda al río, decidió unir el hoy y el ayer en Puerto Madero, homenaje a sus mujeres y reencuentro con el puerto y el río. Combinando modernos restaurantes con el antiguo balneario y la reciente reserva ecológica. Como diría Discépolo, "…la Biblia junto al calefón".
Más al sur La Boca, la itálica, la dueña de la magia del fútbol.

bookshops and people, always people.
Yet Buenos Aires is not only its centre, it is the sum of all those small distinctive neighbourhoods whose cultures reflect all the different corners of the world and where different ways of seeing and feeling the city can be found.
To the south is *San Telmo*, the old city where the scars of the past are still conserved. This neighbourhood of antique shops, friends of the *conventillos* and tourism, suffered from abandonment and was renewed by the ideas and creativity of the youth. On Sunday at *Plaza de la Defensa*, one can breath the air from the times of the Ezeizas in his patio, in the presence of the complex tango steps p racticed in the cobblestone heart of Buenos Aires.
In recent years, the city joined the present and the past in *Puerto Madero*, as a homage to its women, combining modern restaurants with its old riverside resort and its recent wildlife reserve. As Discépolo would ironically say, '... the Bible together with the water heater'.

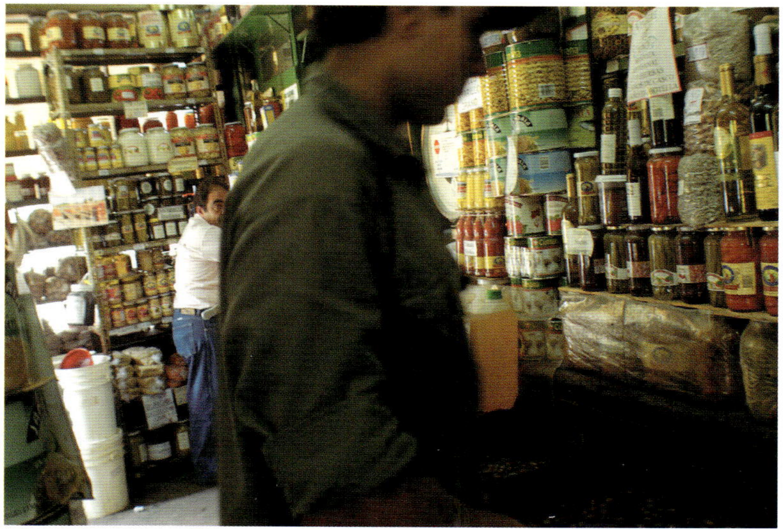

Parque Rivadavia, 9:30 p. m.

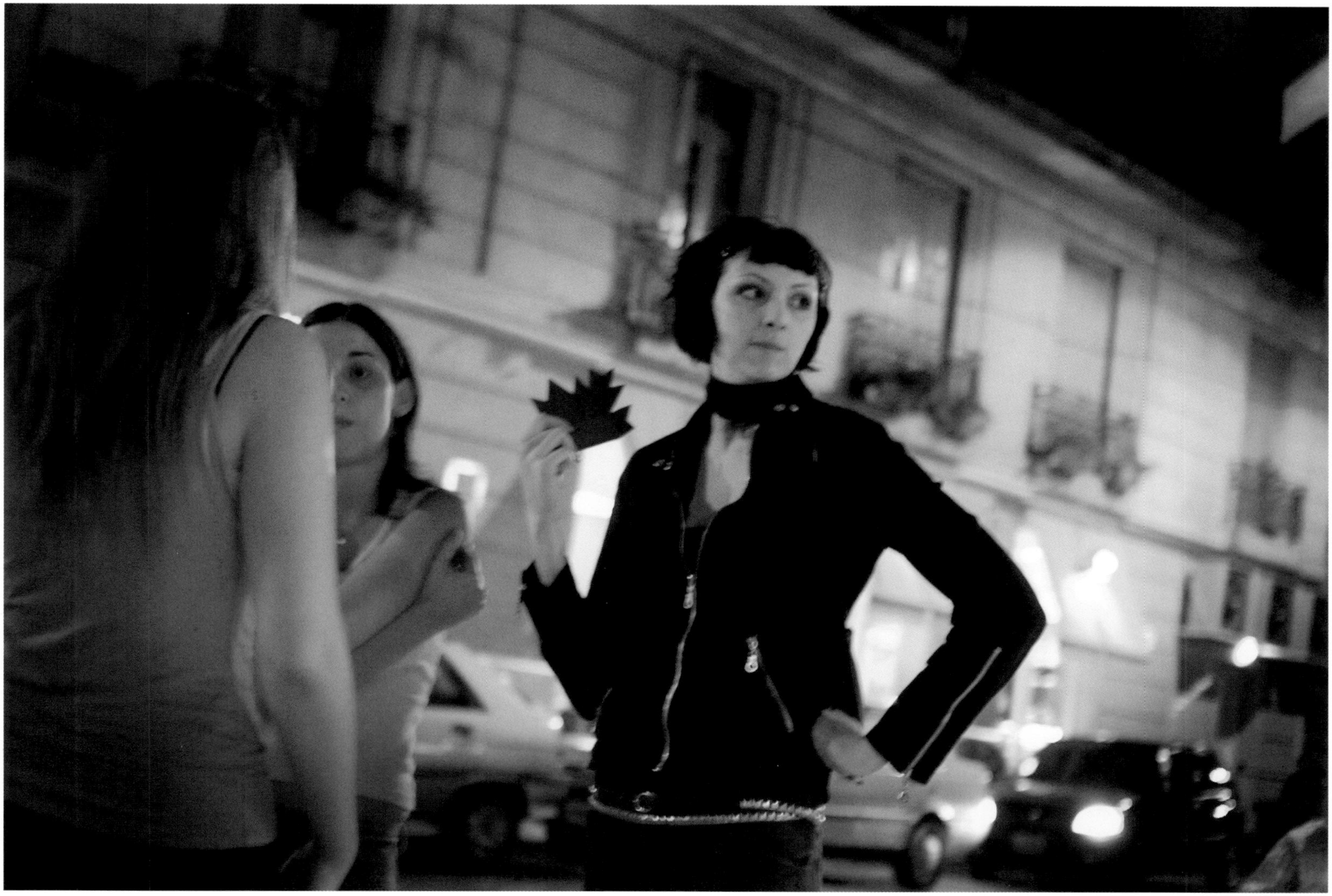

Sus casas de chapa acanalada y tirantes de madera, sus veredas altas, sus habitantes en la calle dueños de lo público, le confieren una personalidad única. Tal vez la maravilla se encuentre en su dulce policromía, de fachadas pintadas con restos solidarios sobrantes de los barcos, conformando el multicolor de las jóvenes parejas ensayando un tango en la vereda. Una cerveza en La Perla, frente a la boca, donde ya no están las camareras y sus tangos, lecho y compañía, pero sí su presencia inolvidable.
Hacia el Oeste, más allá del Congreso, por la avenida Rivadavia, los Angelitos[18], el Abasto, o las Violetas[19]. Barrio de tango, sabor a Gardel, cotidianeidad porteña. Allí están los trabajadores, los nuevos inmigrantes, las casas tomadas, los hoteles de baja categoría, los comedores económicos, junto al shopping reciclado y nuevos aires de turismo.
Hacia el Norte la Recoleta, con su imponente cementerio, el más aristocrático de la ciudad. La belleza de sus edificios, sus cafés, sus espacios verdes, la confunden con otros mundos. El gran árbol extrañando a los hippies, la avenida Alvear y su nobleza, el diario en una mesa de la Biela[20]. Todo tiene gusto a elegancia en la Recoleta.
Más tarde Palermo, el barrio más grande de la ciudad, zona que cambia de nombre y de apariencia en cada esquina. Lugar es lo que sobra. Palermo es mucho más que las tiendas de diseño alrededor de la plaza Cortázar, los restoranes y anticuarios de Dorrego, las mansiones del Barrio Parque, los negocios apiñados de Pacífico, el hogar de la aristocracia porteña, las inmensas torres, los parques, los psicoanalistas, el arte y la ciencia. Los bosques que albergan de mañana a los deportistas, de tarde a los enamorados, y de noche… lo que la noche siempre ofrece. Todo está en Palermo.
Los habitantes de la ciudad suelen envejecer en el lugar de sus juegos infantiles; si se mudan tratan de que no sea demasiado

To the south is *La Boca*, home of the Italian culture and the owner of the magic of football. Its corrugated and wood houses, its high sidewalks, its inhabitants on the streets, owners of the public spaces, give it a unique personality. Perhaps its wonder lies in the sweet contrast of the painted façades with leftovers of sunken ships, and the multicolour young couples practicing tango on the sidewalk. Having a beer in *La Perla*, in front of *La Boca*, brings back memories of the women, fleeting sex and the origin of the tango.
Taking Rivadavia Avenue to the west passing the Congress is the Abasto, the neighbourhood of tango and its taste of Gardel, or *Las Violetas*[18]. Here are the workers, the new immigrants, cheap hotels, inexpensive diners, living together with the renovated shopping centre, in an atmosphere of tourism.
To the north is Recoleta, with its opulent cemetery, the most aristocratic of the city. The beauty of its buildings, its cafés, its green spaces confuse one with other cities. Its great treees, Alvear Avenue and its nobility, a newspaper on a table at *La Biela*[19] give a taste of elegance to Recoleta.
Further out is Palermo, the biggest neighbourhood of the city, which has its own little neighbourhoods and whose appearance changes on every street corner. Diversity rules. Palermo is much more than designers' shops around *Plaza Cortázar*, restaurants and antique shops on Dorrego Avenue, mansions in *Barrio Parque*, clustered shops around Pacífico Station, the home area of the city's aristocracy, large towers, parks, psychoanalysts, art and science. The trees in Palermo Park are home to joggers in the morning, lovers in the afternoon, and at night... that which the night always offers. Everything is in Palermo.
The city inhabitants usually grow older in that same place of their childhood games; if they move, they try not to move too

Cafe Tortoni, 5:30 p. m.

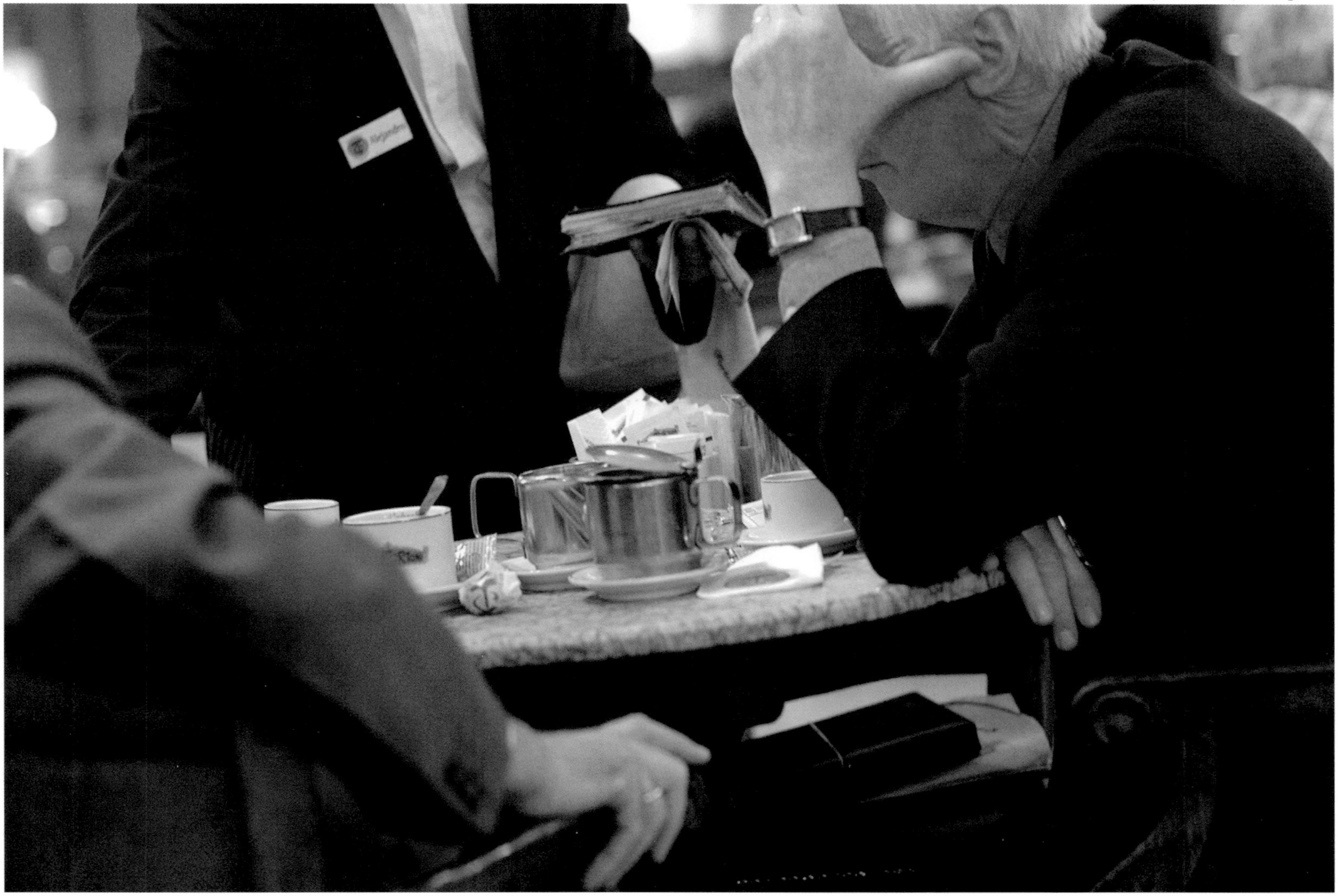

lejos. El culto al barrio, al club de fútbol, a la amistad, a la belleza de sus mujeres, al humor de sus hombres, son sus grandes pasiones.

Y Buenos Aires se sigue mostrando en un recorrido interminable, mientras los porteños esperan el nuevo día para intentar, por última vez abrazarla.

far. The cult of the neighbourhood, of a football club, of friendship, of its women's beauty, of its men's humour are its great passions.

And Buenos Aires still exhibits itself on a never-ending journey, while *porteños* wait for a new day to try once again to embrace it.

1: El adelantado don Pedro de Mendoza.
2: El Riachuelo.
3: Año 1536.
4: 11 de Junio de 1580.
5: A partir de 1870 (ley de inmigración).
6: Año 1871.
7: Conventillo: casa de vecindad, de aspecto pobre y con muchas habitaciones, en cada una de las cuales viven uno o varios individuos o una familia. Debe su nombre a las celdas de los conventos.
8: Definición dada por Enrique Santos Discépolo.
9: Carlos Gardel (nombre artístico de Charles Romuald Gardés). Año 1917.
10: Amurar: abandonar, engañar, estafar.
11: El 17 de Octubre de 1945.
12: Juan Domingo Perón (Presidente de la Nación).
13: Eva Duarte de Perón (la "abanderada de los humildes").
14: Ernesto "che" Guevara (Líder de la Revolución Cubana).
15: Diego Armando Maradona (jugador de fútbol).
16: Antiguo café de la avenida de Mayo.
17: Café, bar, billares de la avenida de Mayo.
18: Viejo café de barrio.
19: Elegante confitería del barrio de Almagro.
20: Confitería tradicional de la zona.

1: Governor don Pedro de Mendoza.
2: The Riachuelo.
3: In 1536.
4: June 11th, 1580.
5: From 1870 (Immigration Act).
6: In 1871.
7: Tenements, large poor-looking buildings divided into apartments. Its name derives from convents' cells.
8: A definition coined by Enrique Santos Discépolo.
9: Carlos Gardel (Charles Romuald Gardés' stage name). 1917.
10: 'Cheated-on' men.
11: October 17th, 1945.
12: Juan Domingo Perón (President of the Nation).
13: Eva Duarte de Perón (the "standard-bearer of the poor").
14: Ernesto 'Che' Guevara (leader of the Cuban Revolution).
15: Diego Armando Maradona (football player).
16: Old coffe bar on Avenida de Mayo.
17: Café and billiards on Avenida de Mayo.
18: Old coffe bar, typical of a city area.
19: Elegant café and pastry shop in Almagro area.
20: Traditional café of that area.

Plaza Congreso, 10:30 a.m.

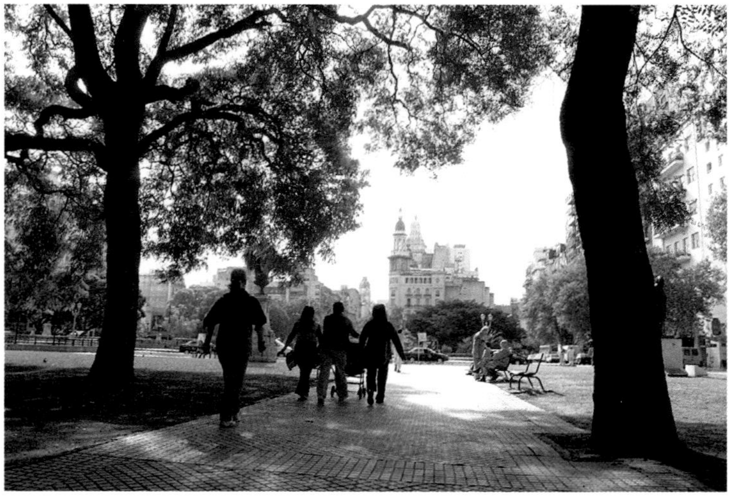

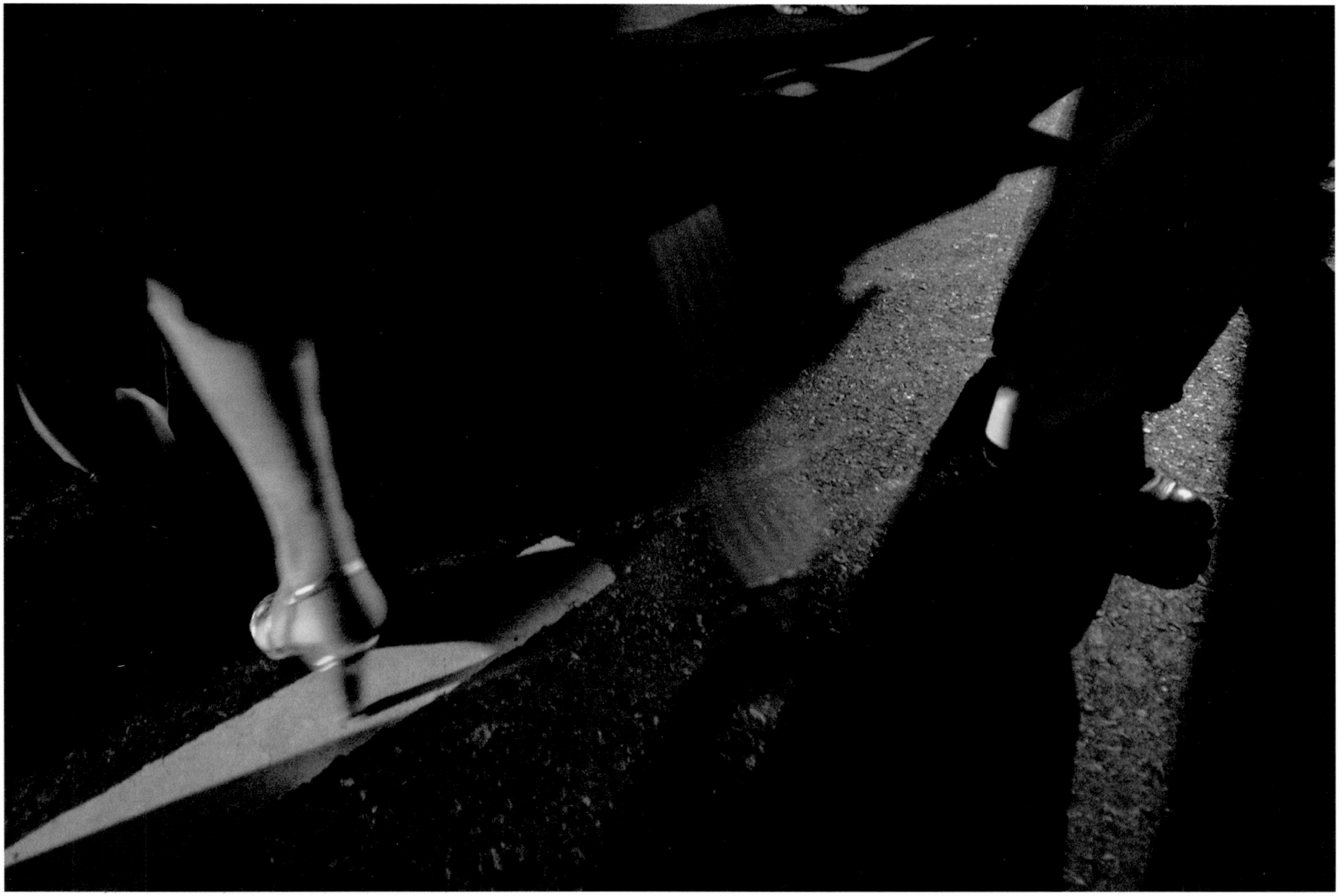

Plaza Congreso,
9:45 a.m.

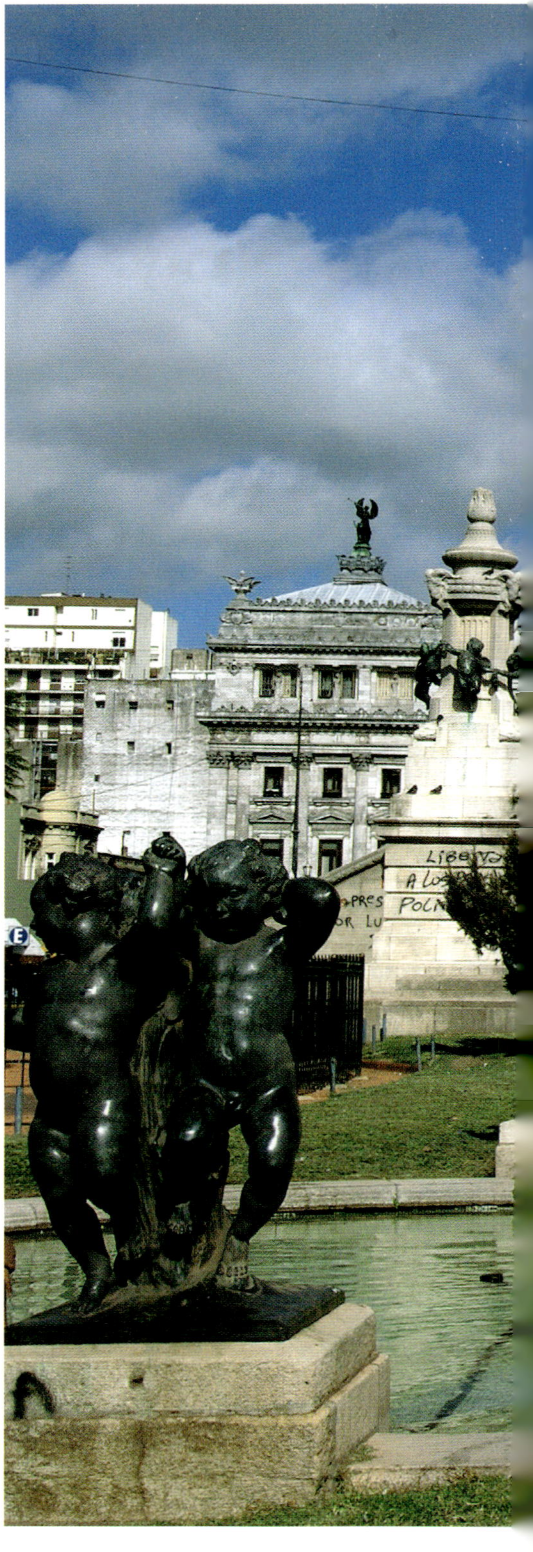

... Buenos Aires tiene algo vivo y personal:
algo lleno de dramático latido,
algo inconfundible y original
en medio de sus mil razas que atrae al
viajero y lo fascina...

Federico García Lorca.
Poeta Español.

... Buenos Aires has something vivid and
personal in it:
Something full of dramatic beats,
Something unmistakable and original
Amidst its thousand races that attracts the
traveller and fascinates him...

Federico García Lorca.
Poeta Español.

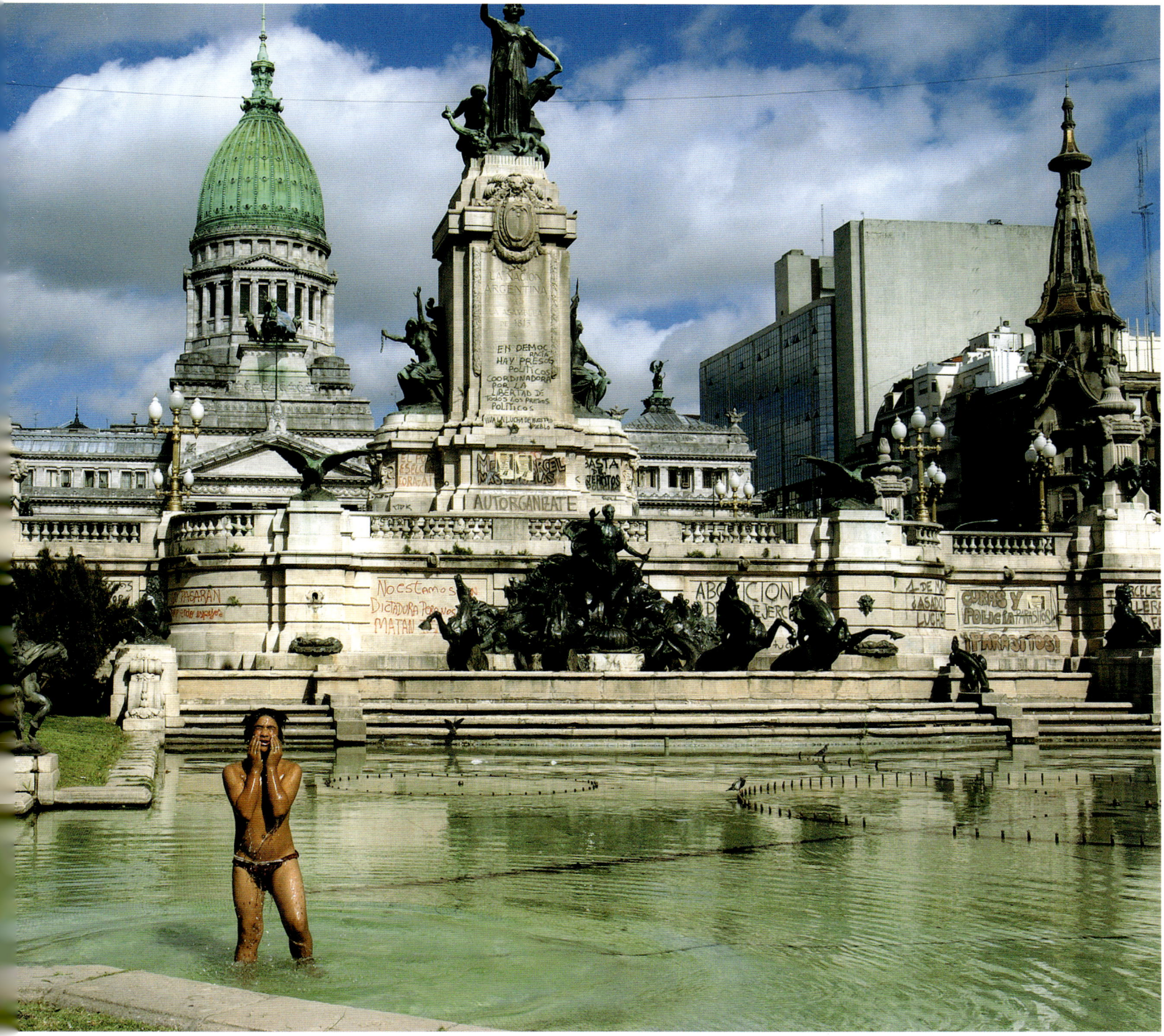
LA NACION
ARGENTINA
EN DEMOC RACIA
HAY PRESOS
POLITICOS
COORDINADORA
POR LA
LIBERTAD DE
TODOS LOS PRESOS
POLITICOS
VIVA LA LUCHA DE NUESTRO PUEBLO
AUTORGANIZATE
BASTA
Nocstamos
Dictadora Pero nos
MATAN
ABOLICION
CURAS Y
POLICIA PARASITOS!
¡¡PARASITOS!

Costanera Sur, 11:45 p.m.

Av. Corrientes 1400, 2:45 p.m.

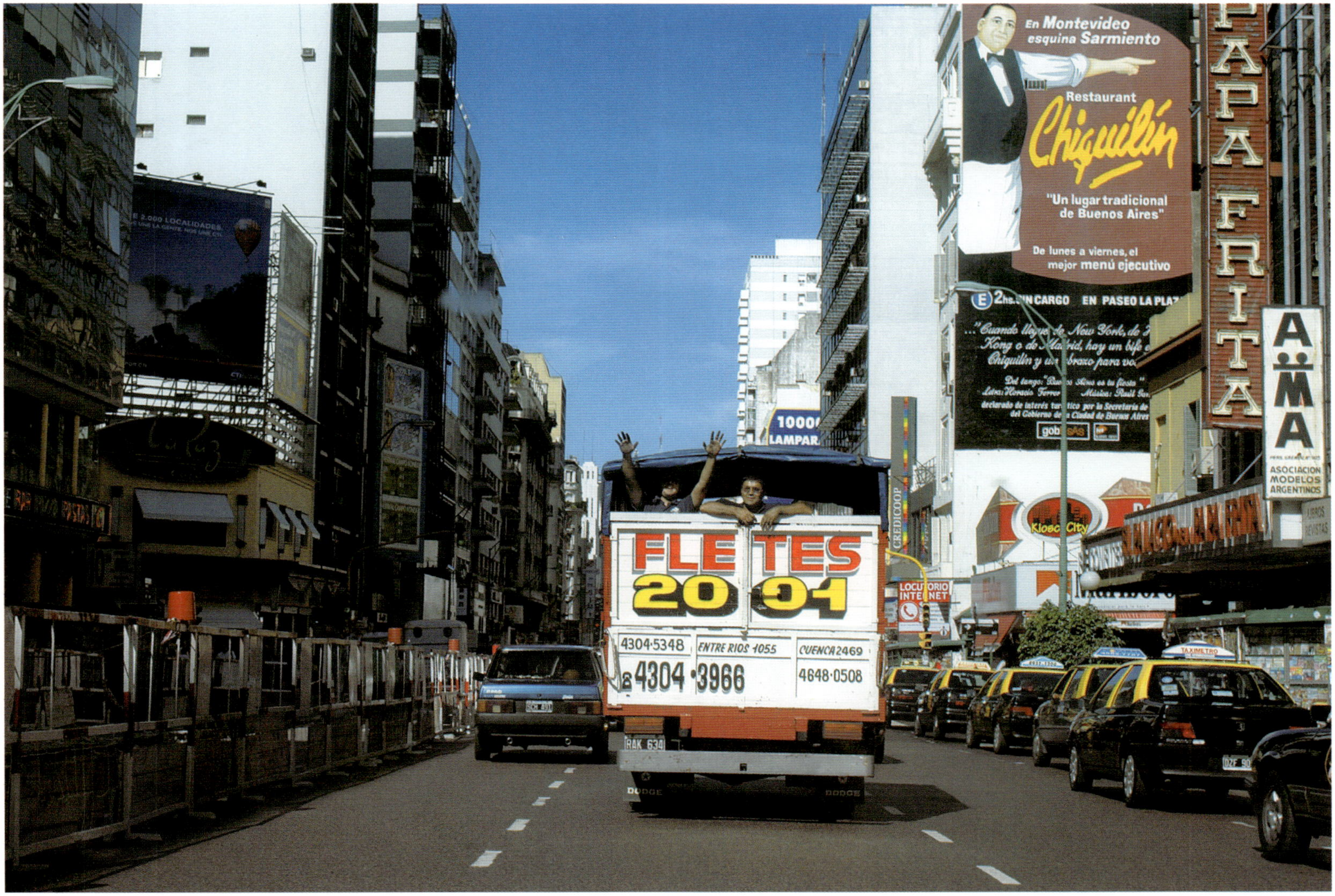

Estación Retiro, 4:15 p.m.

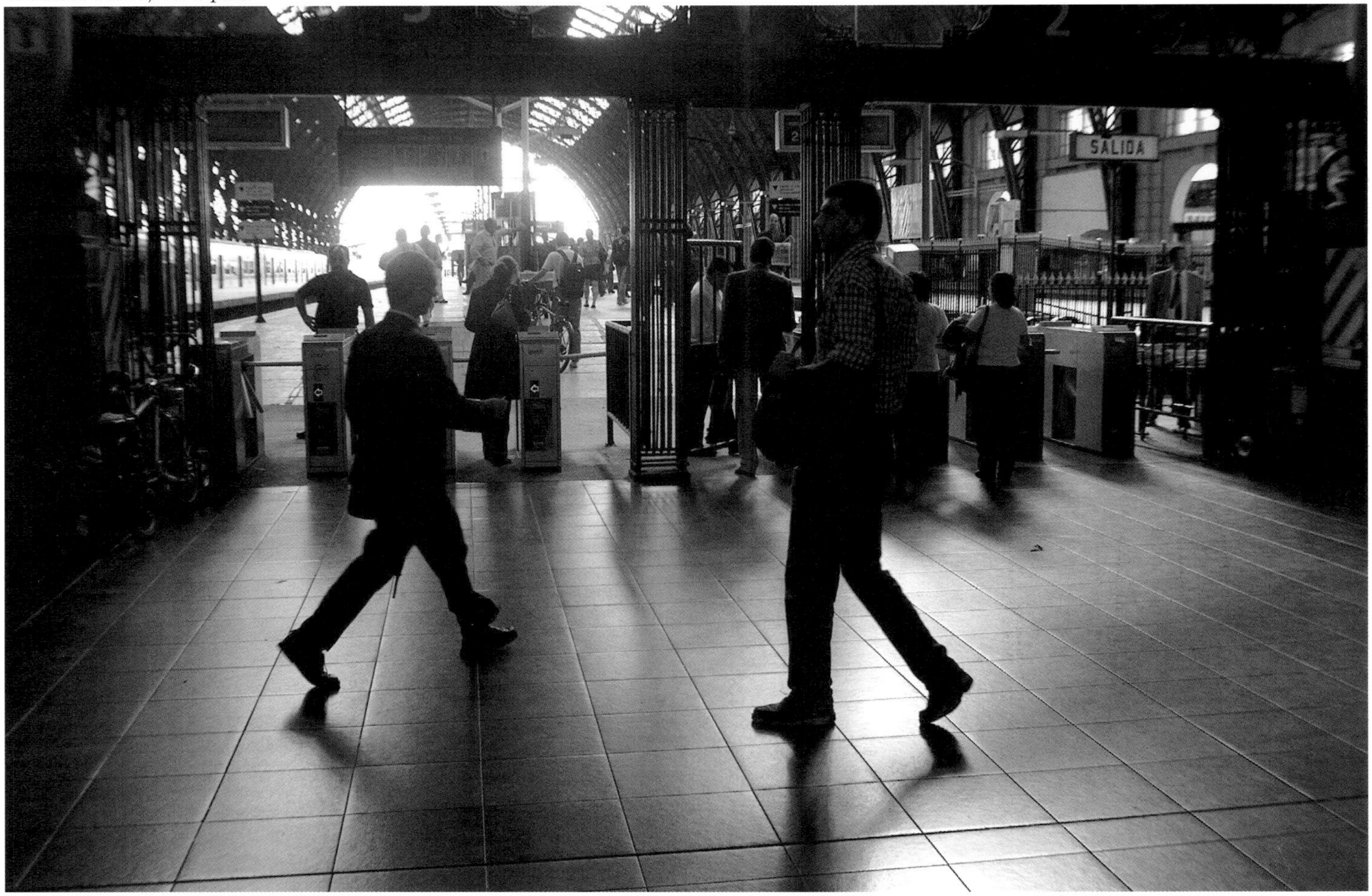

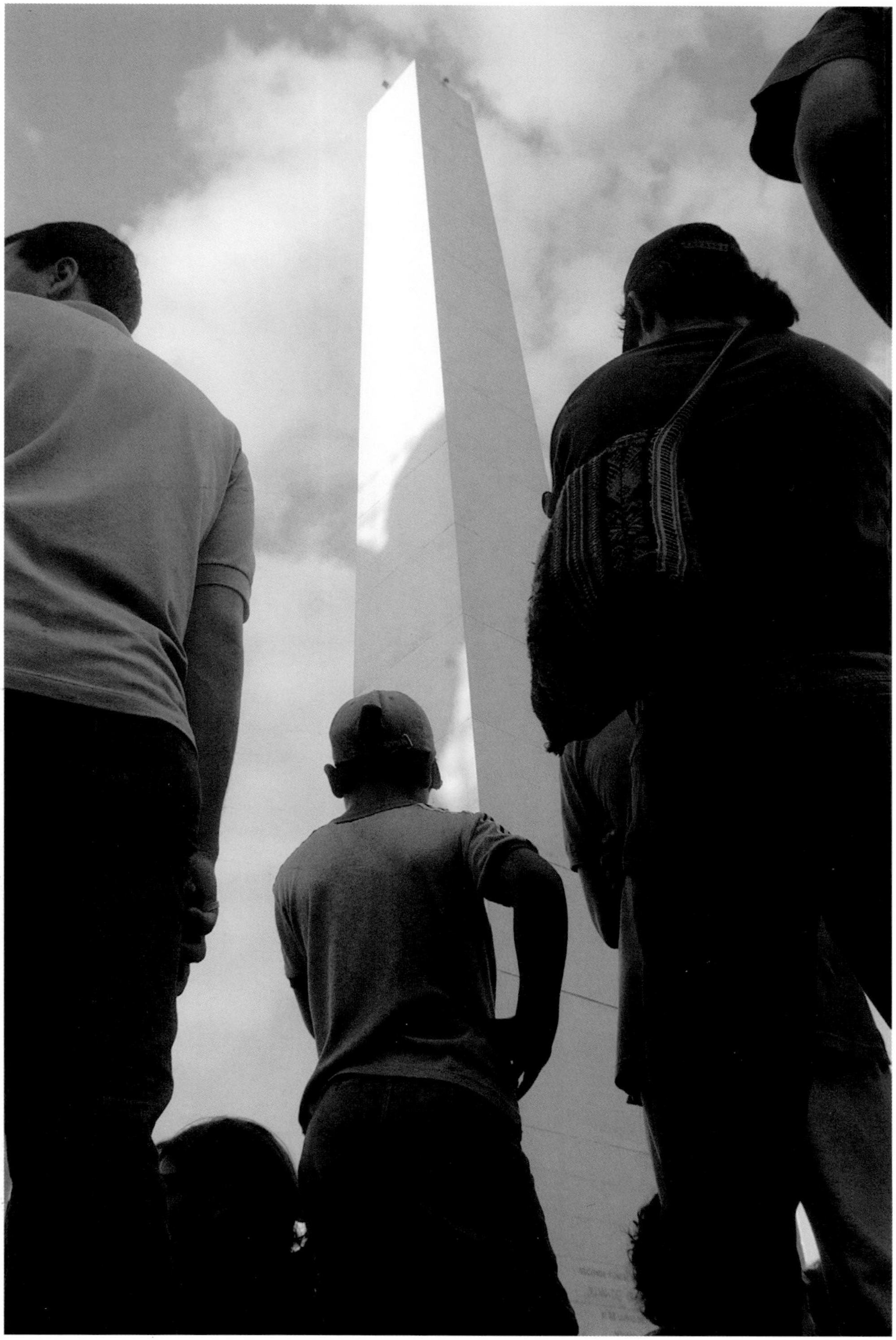

Obelisco, 5:20 p.m.

Yo habré muerto y seguirás
orillando nuestra vida,
Buenos Aires no te olvida.
Tango que fuiste y serás".

Jorge Luis Borges - Astor Piazzolla.

'I will have died and you will go on
Skirting around our life,
Buenos Aires doesn't forget you.
Tango that was and will be.'

Jorge Luis Borges - Astor Piazzolla.

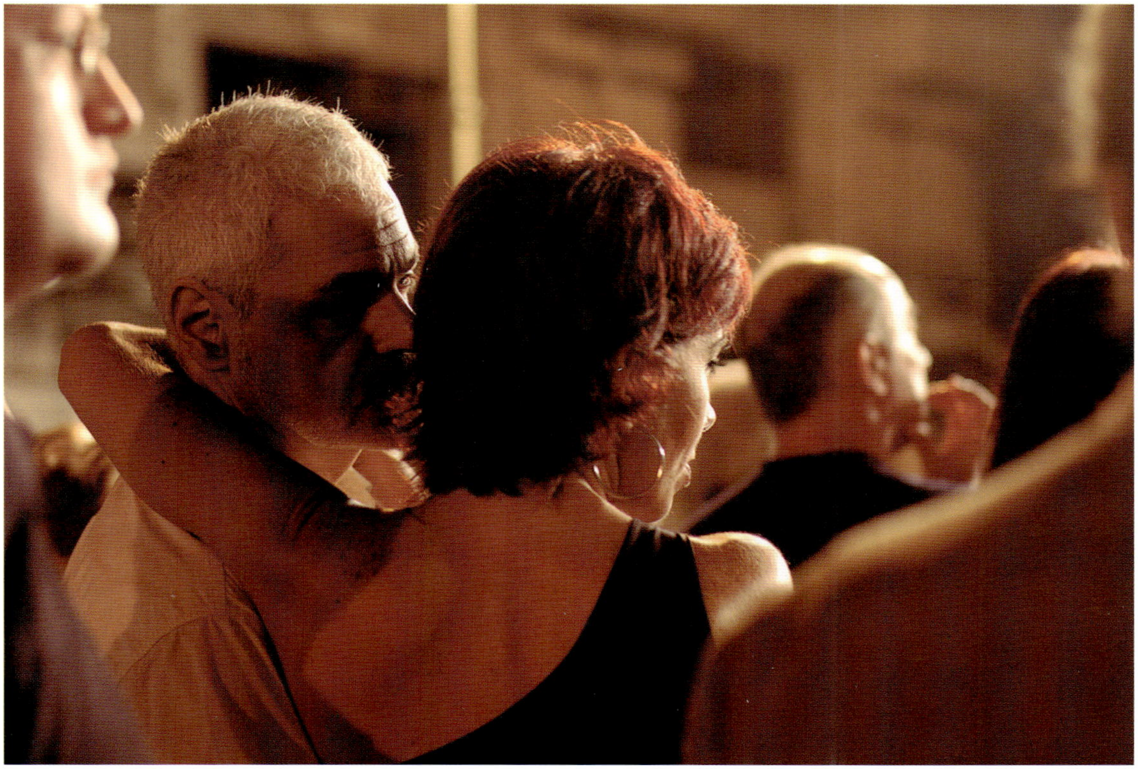

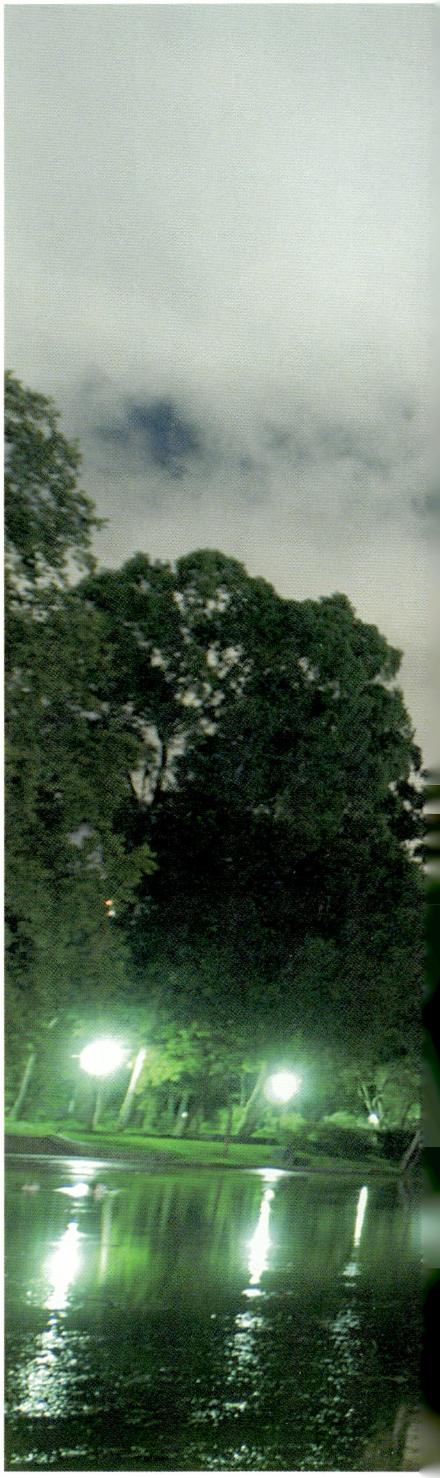

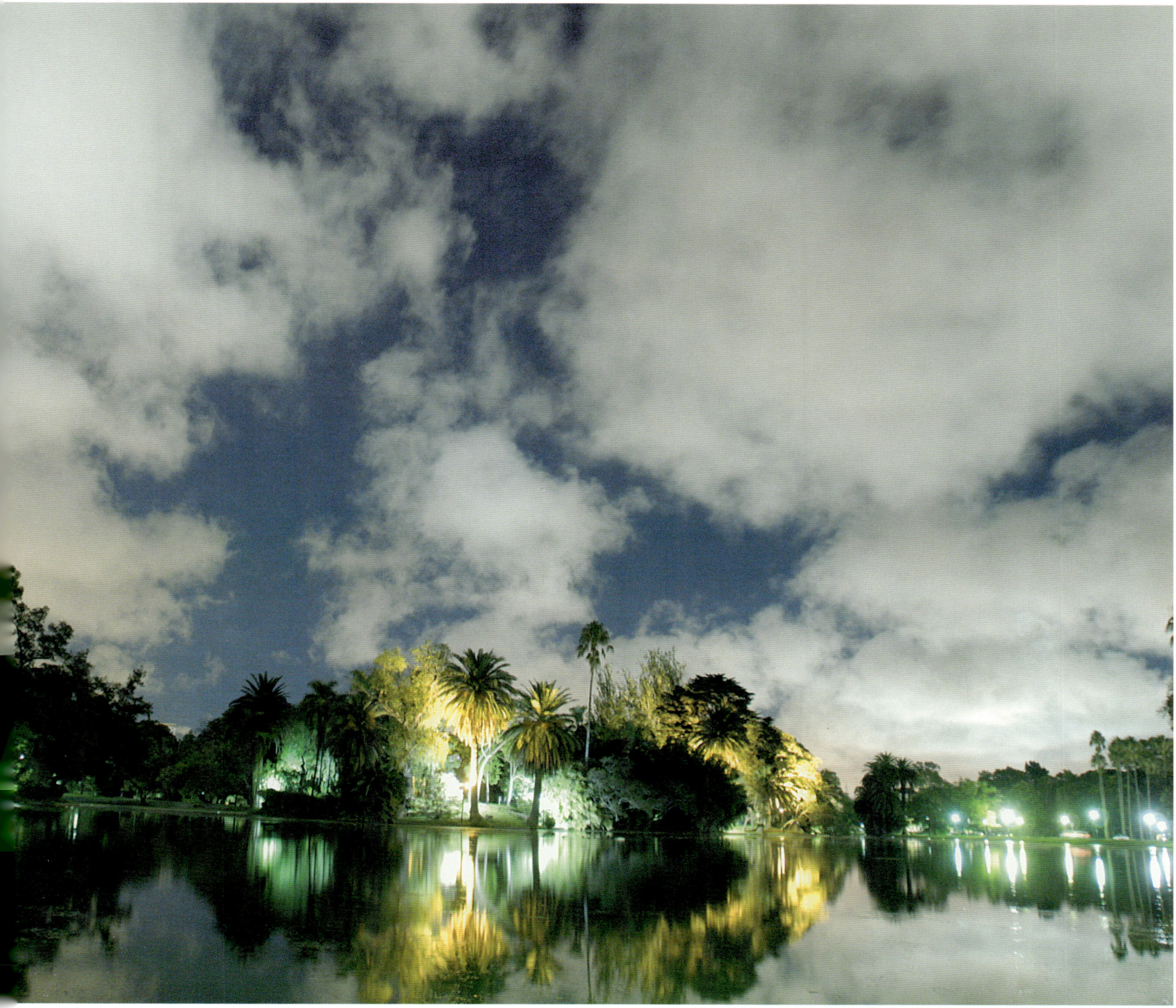

Plaza de Mayo,
12:00 p.m.

Plaza Francia, 8:30 p.m.

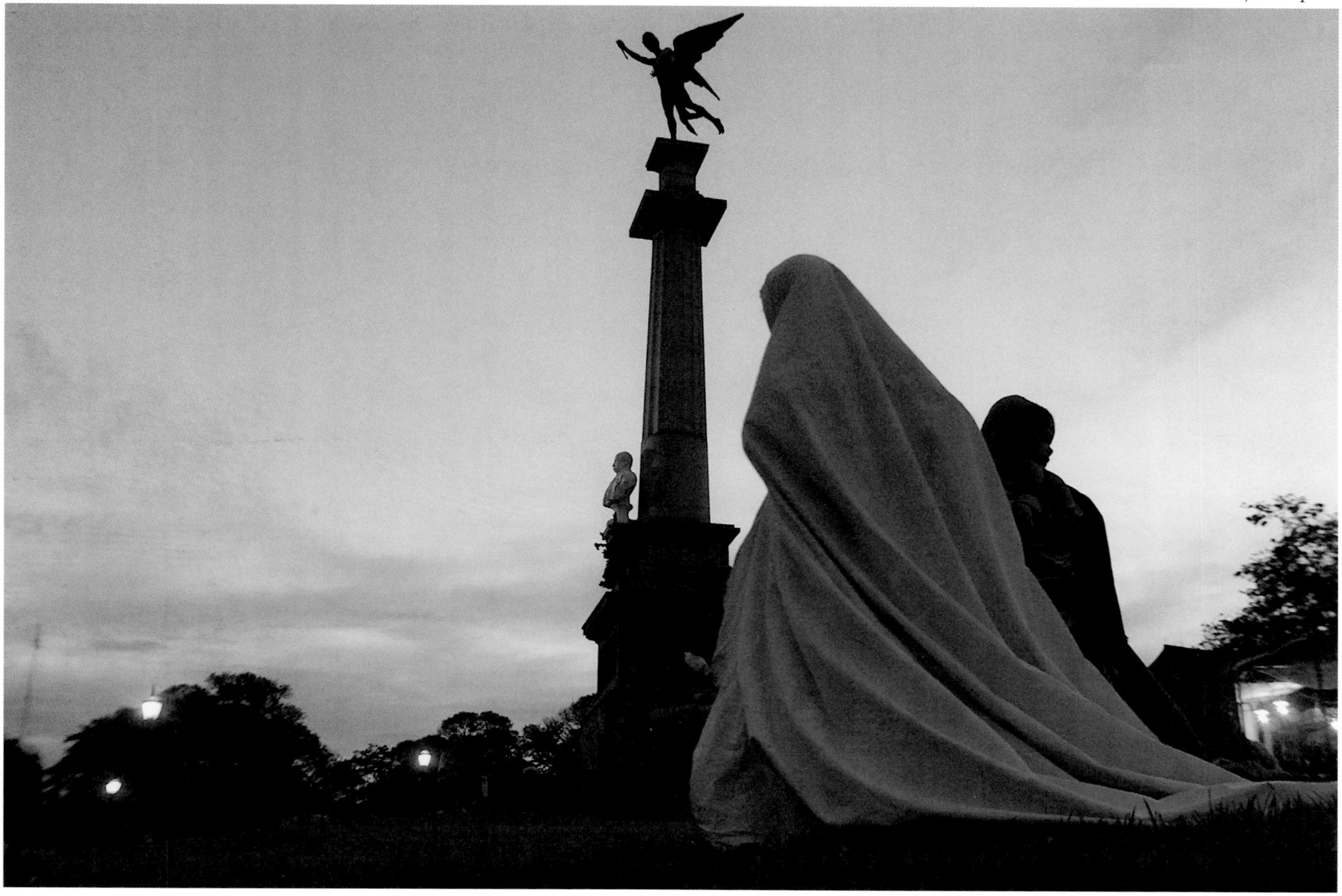

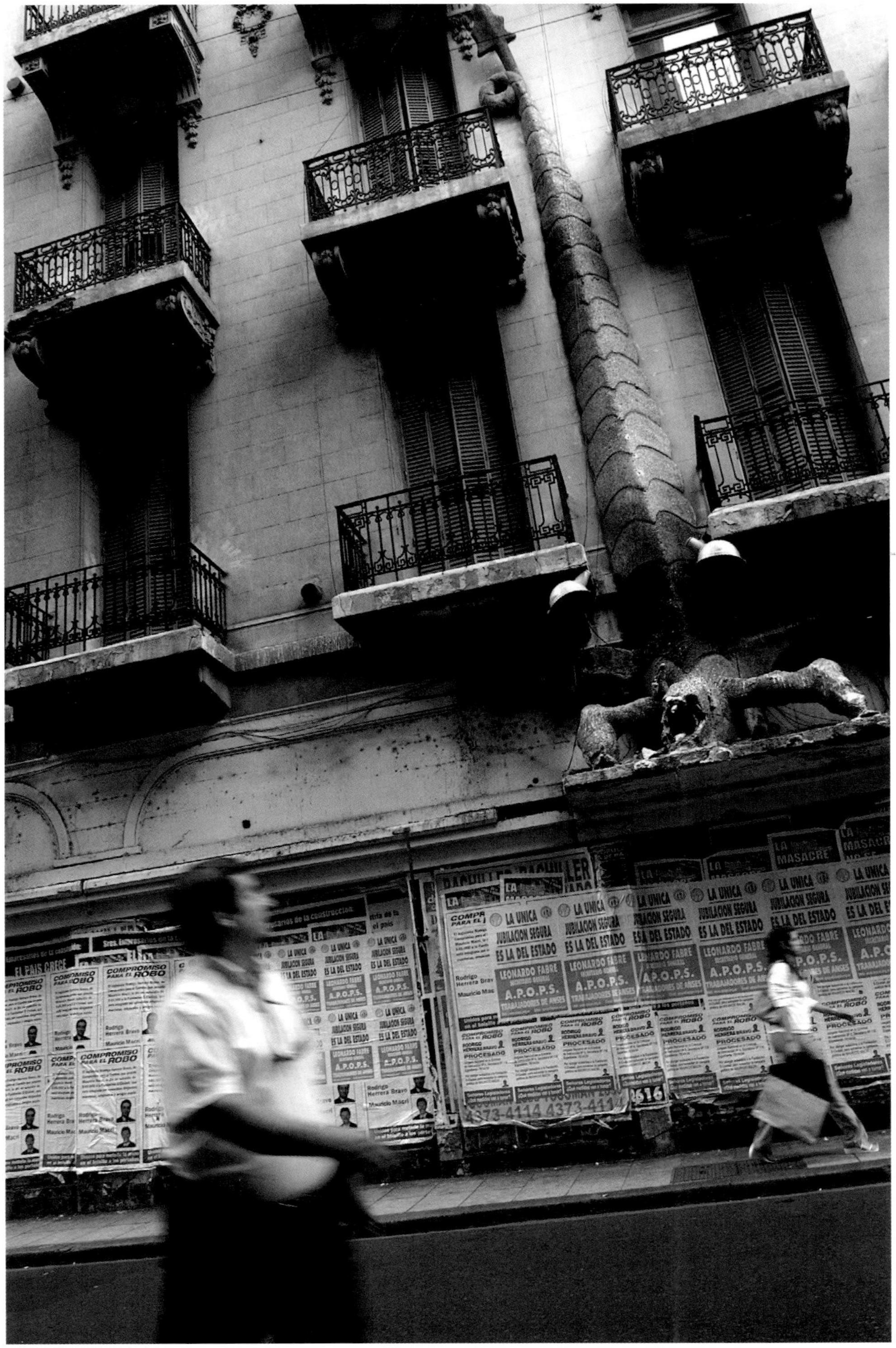
LA UNICA
JUBILACION SEGURA
ES LA DEL ESTADO
LEONARDO FABRE
A.P.O.P.S.
COMPROMISO PARA EL ROBO
PROCESADO
MASACRE

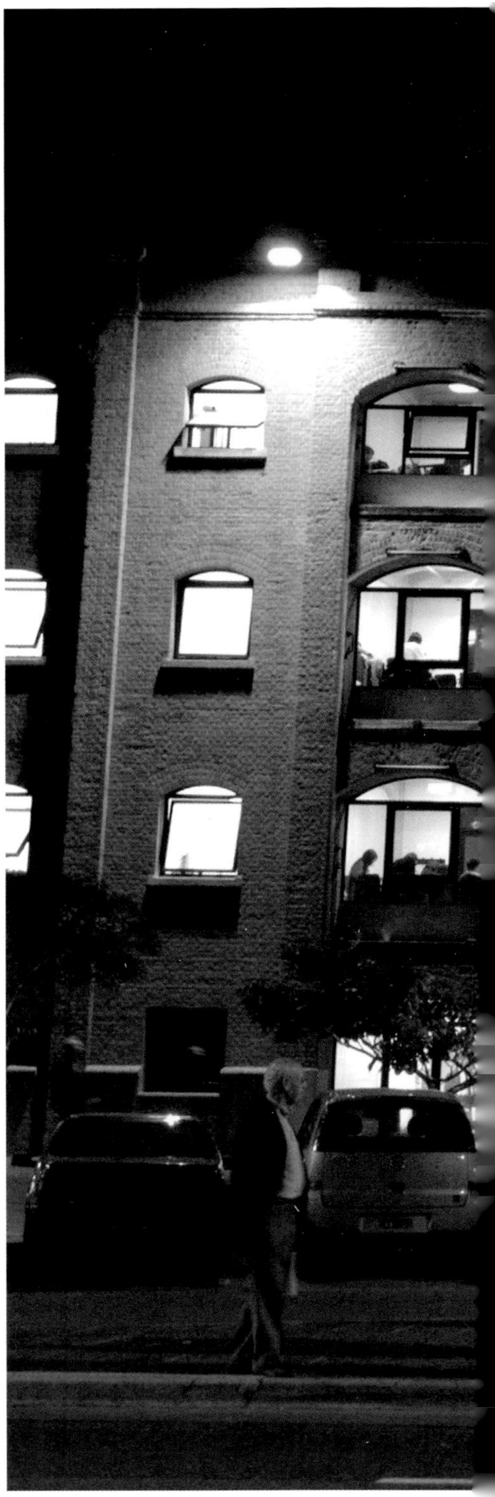

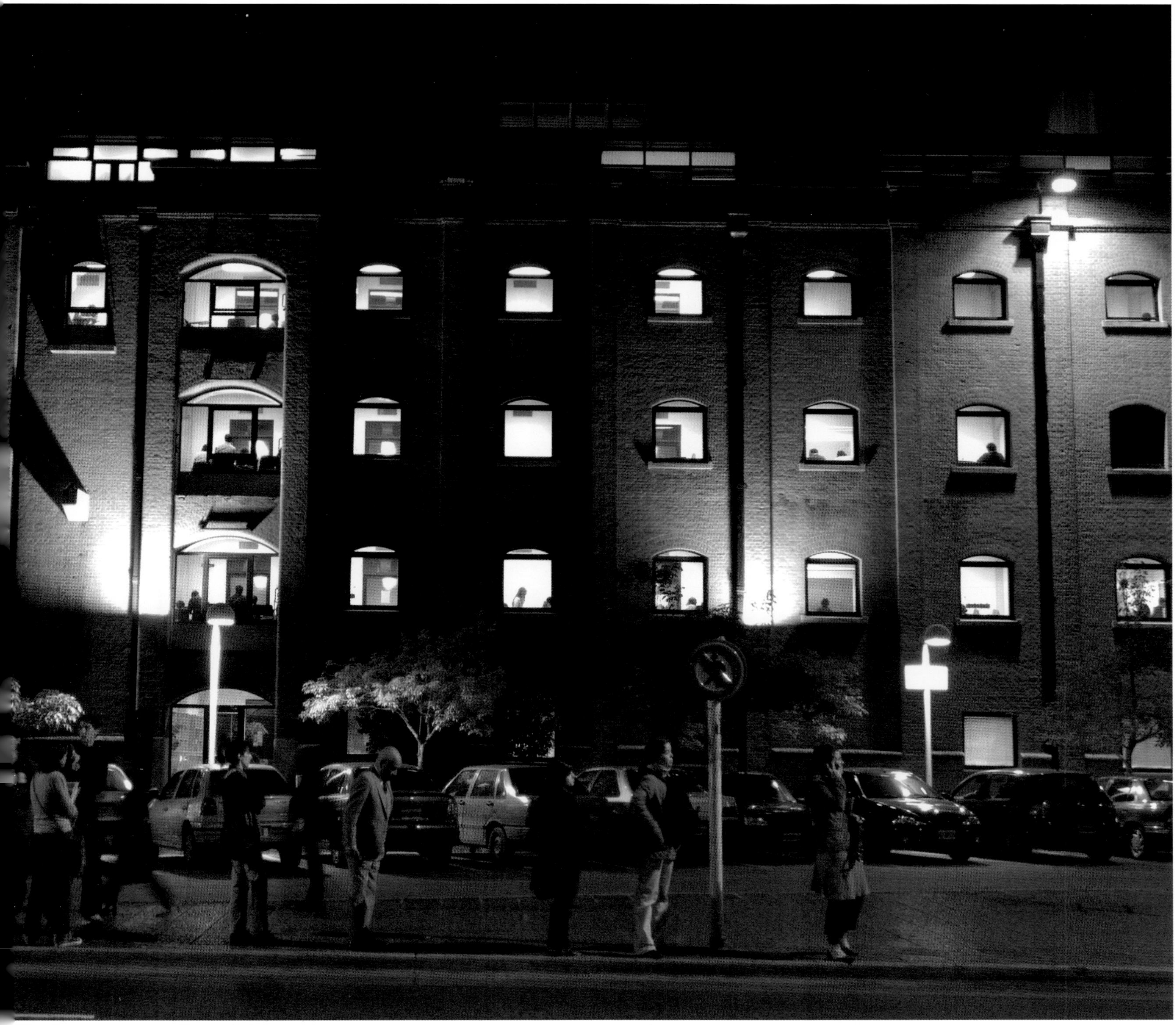

J. D. Perón 2300, 11:40 p.m.

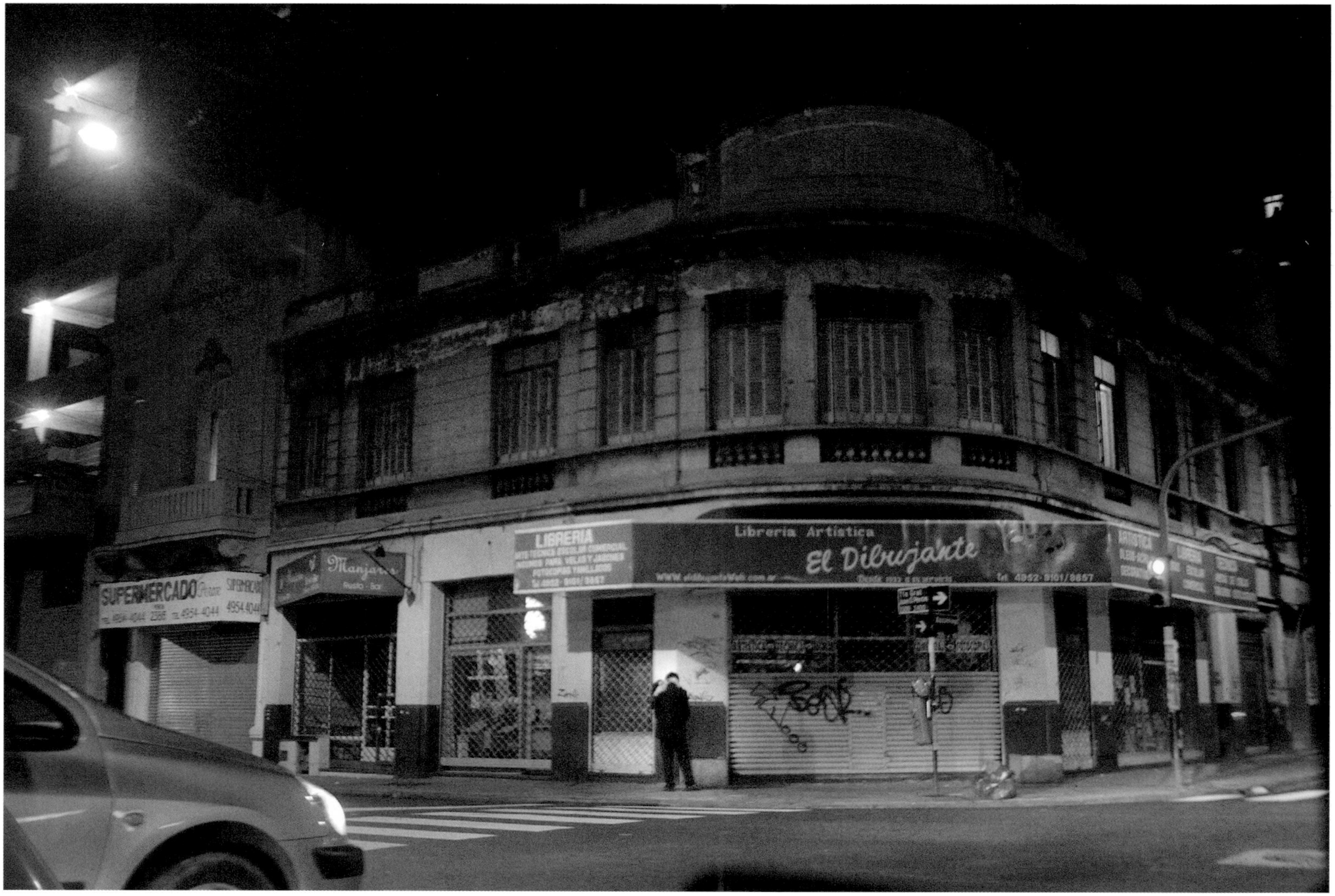

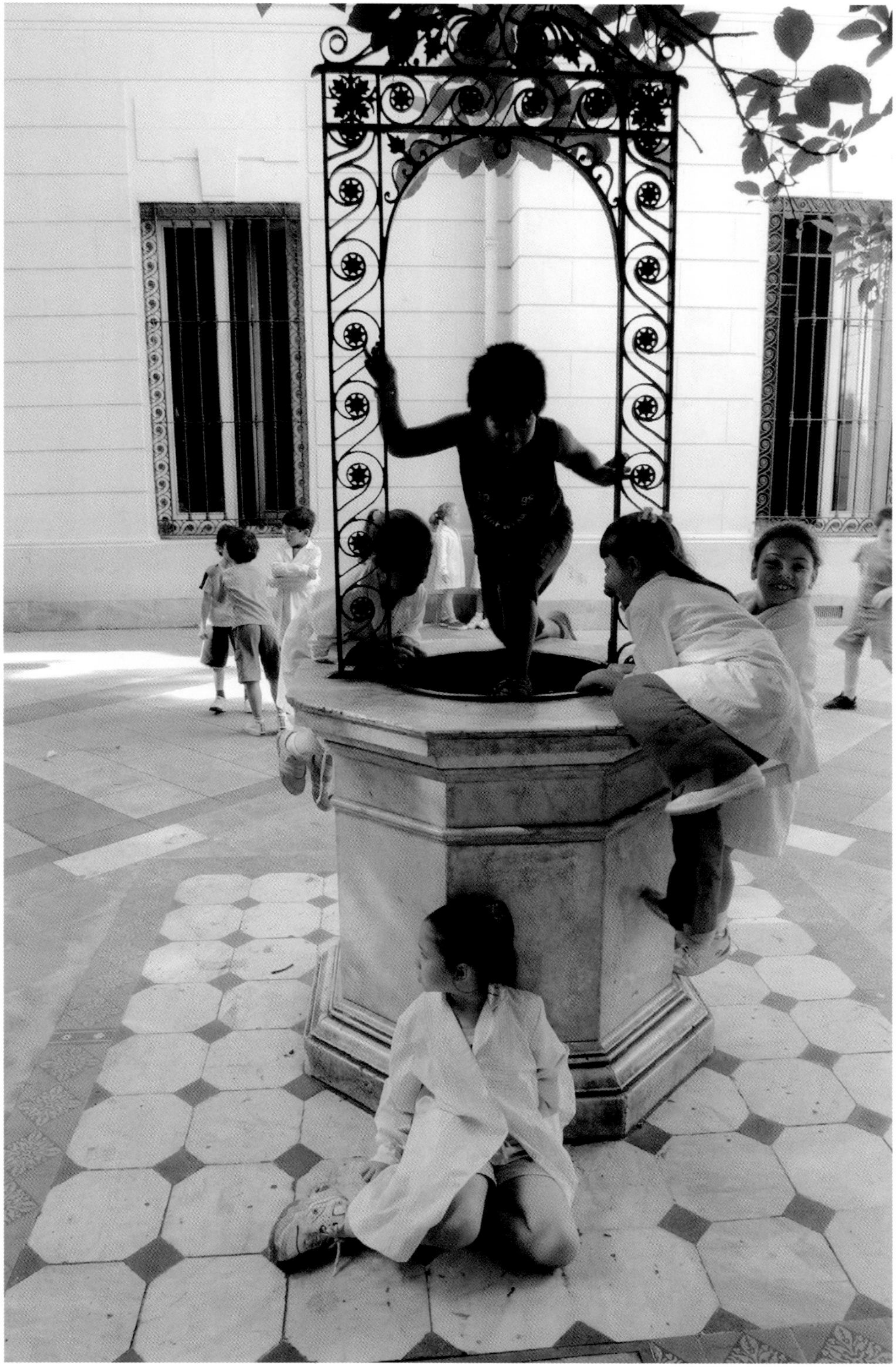

Escuela Pública
"Primera Junta",
11:40 p.m.

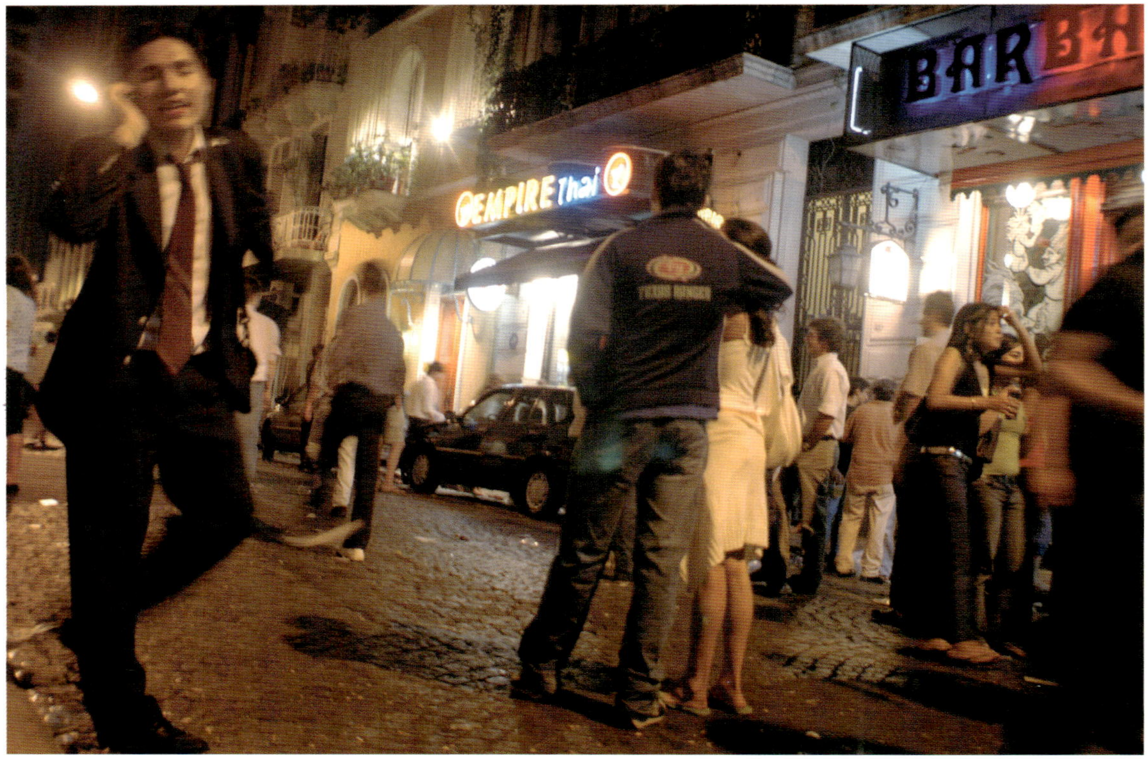
EMPIRE Thai
BAR

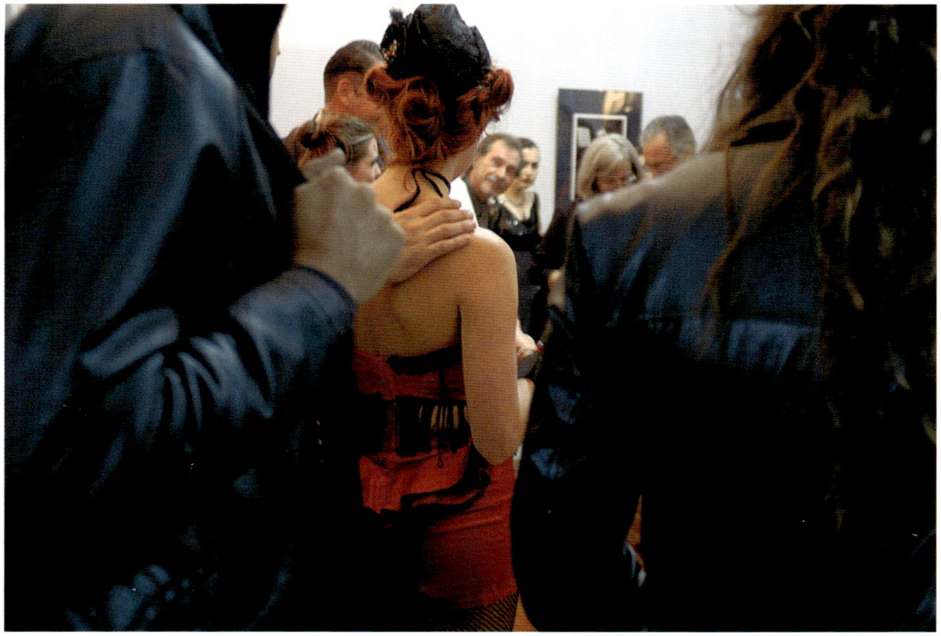

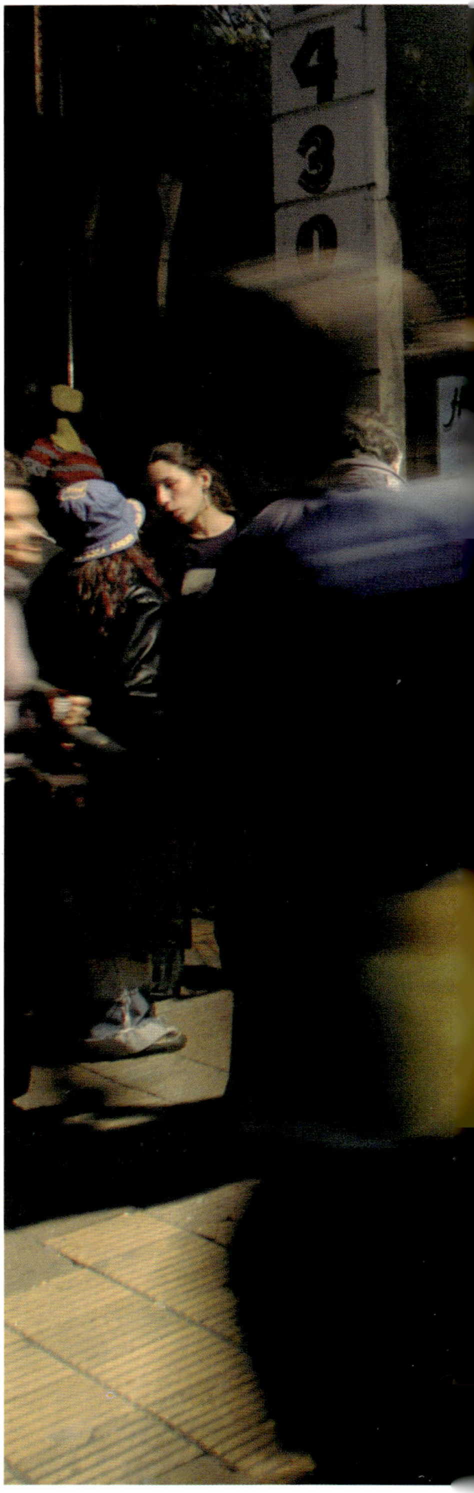
4
3
0

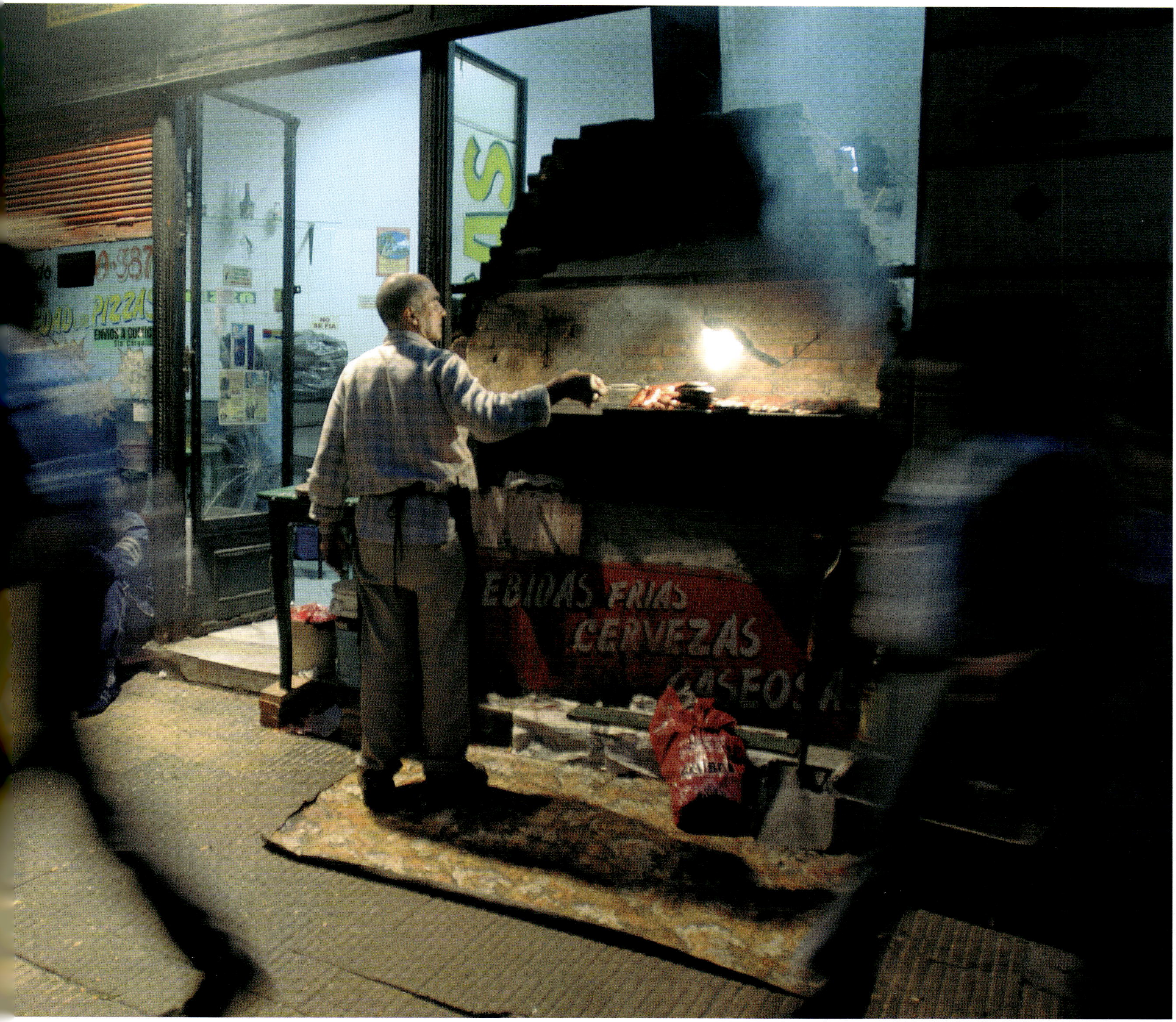
NO
SE FIA
EBIDAS FRIAS
CERVEZAS

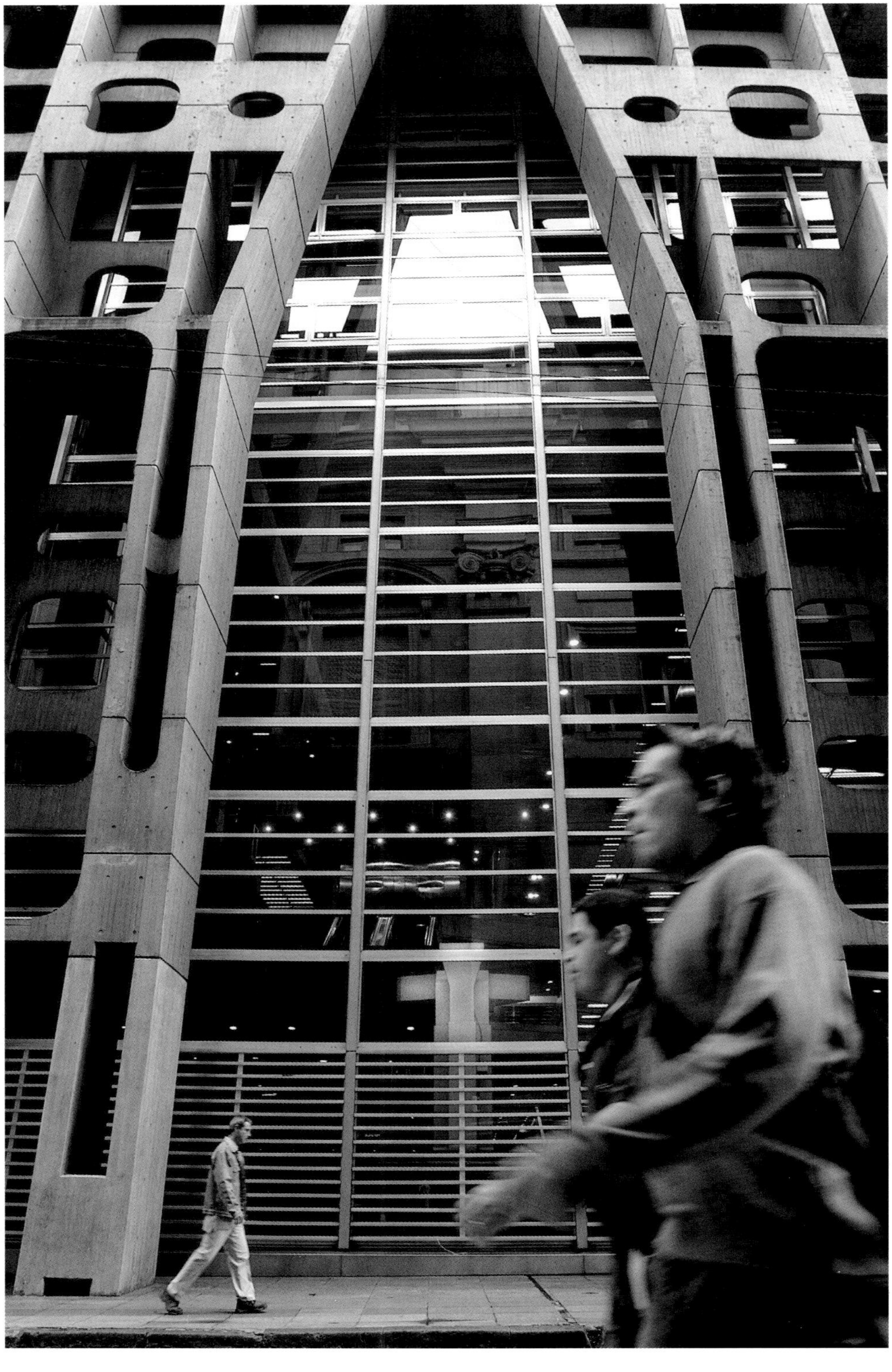

Microcentro, 10:30 a.m.

Costanera sur, 8:15 a.m.

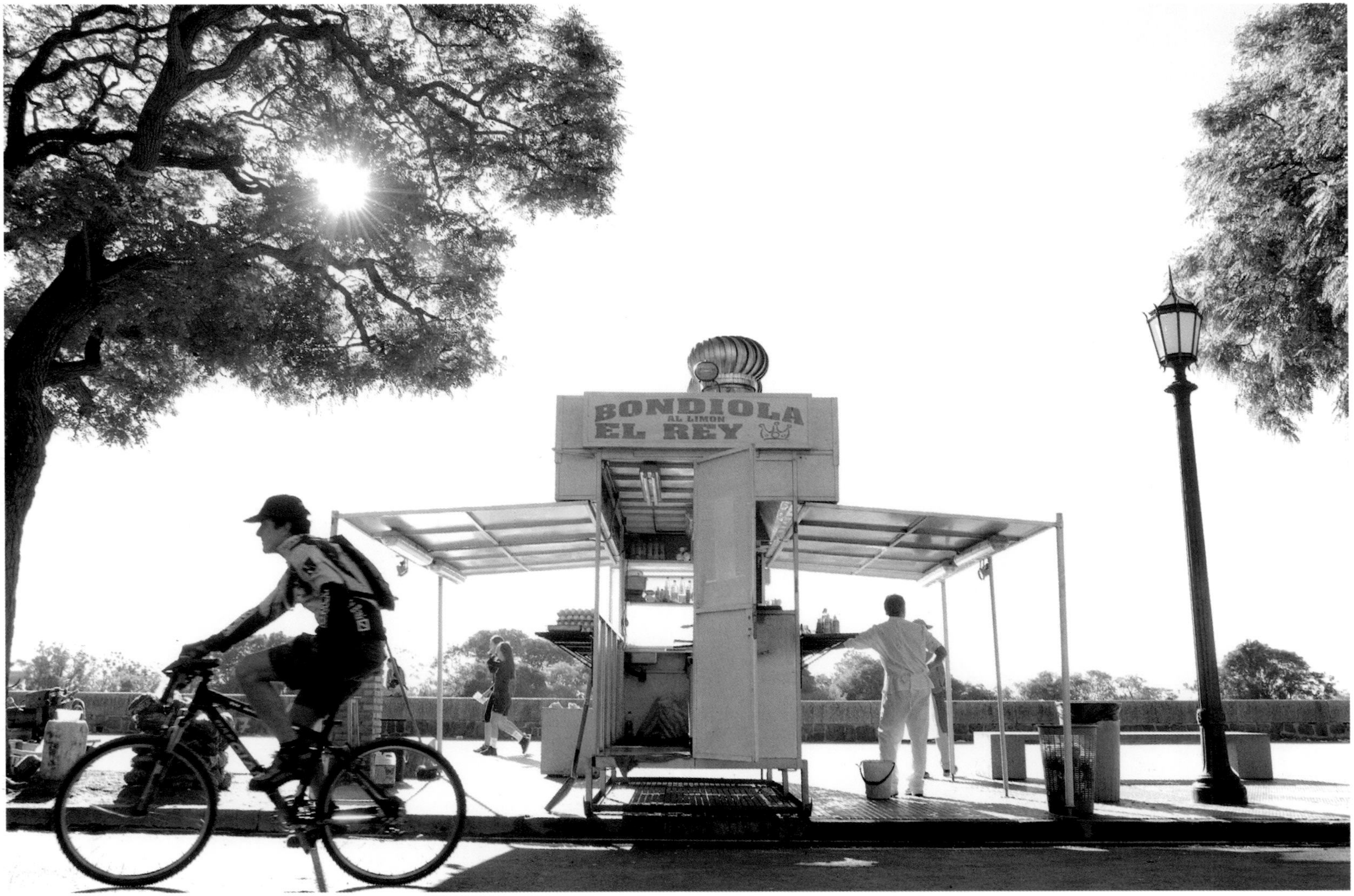

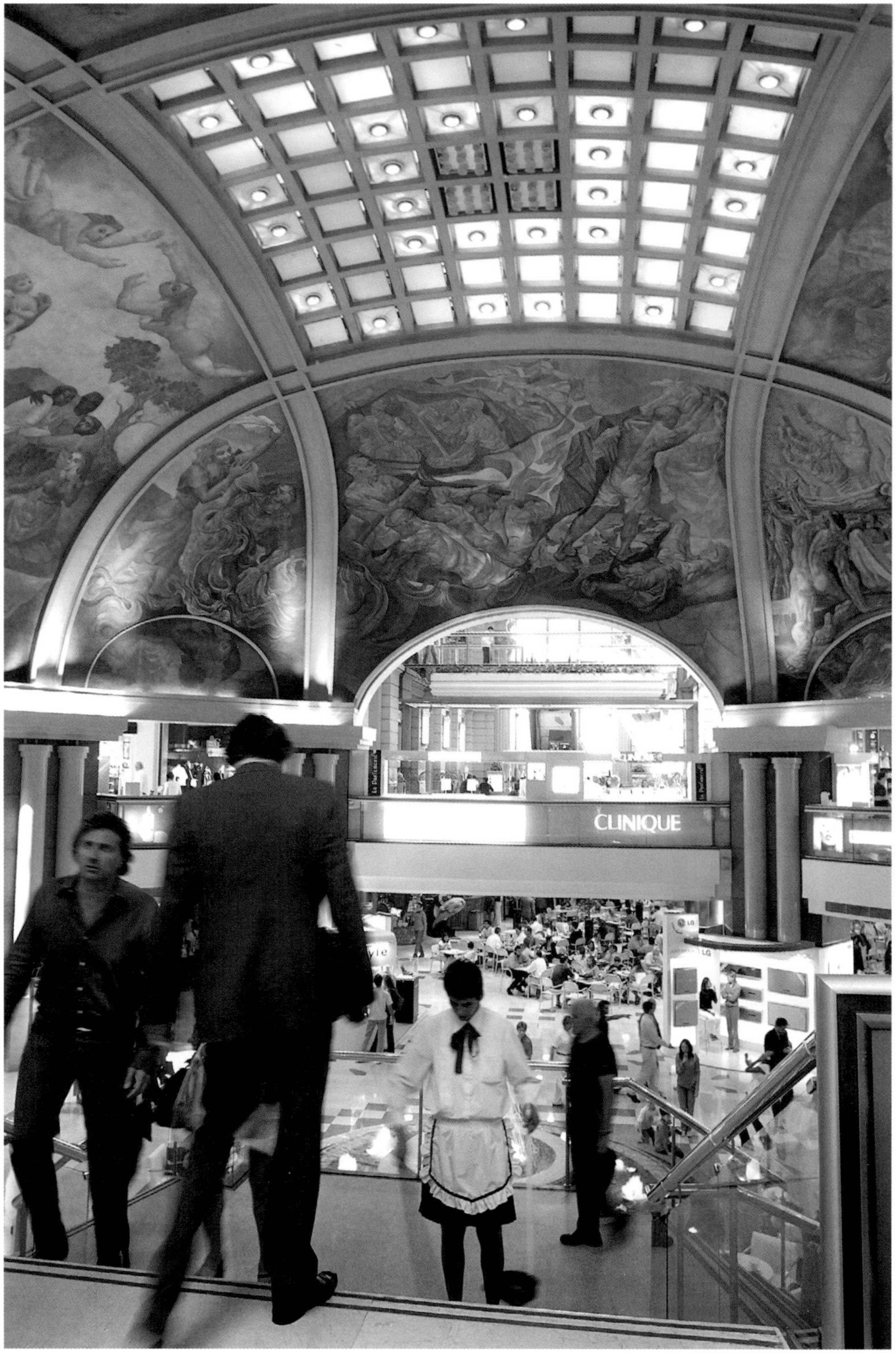
CLINIQUE

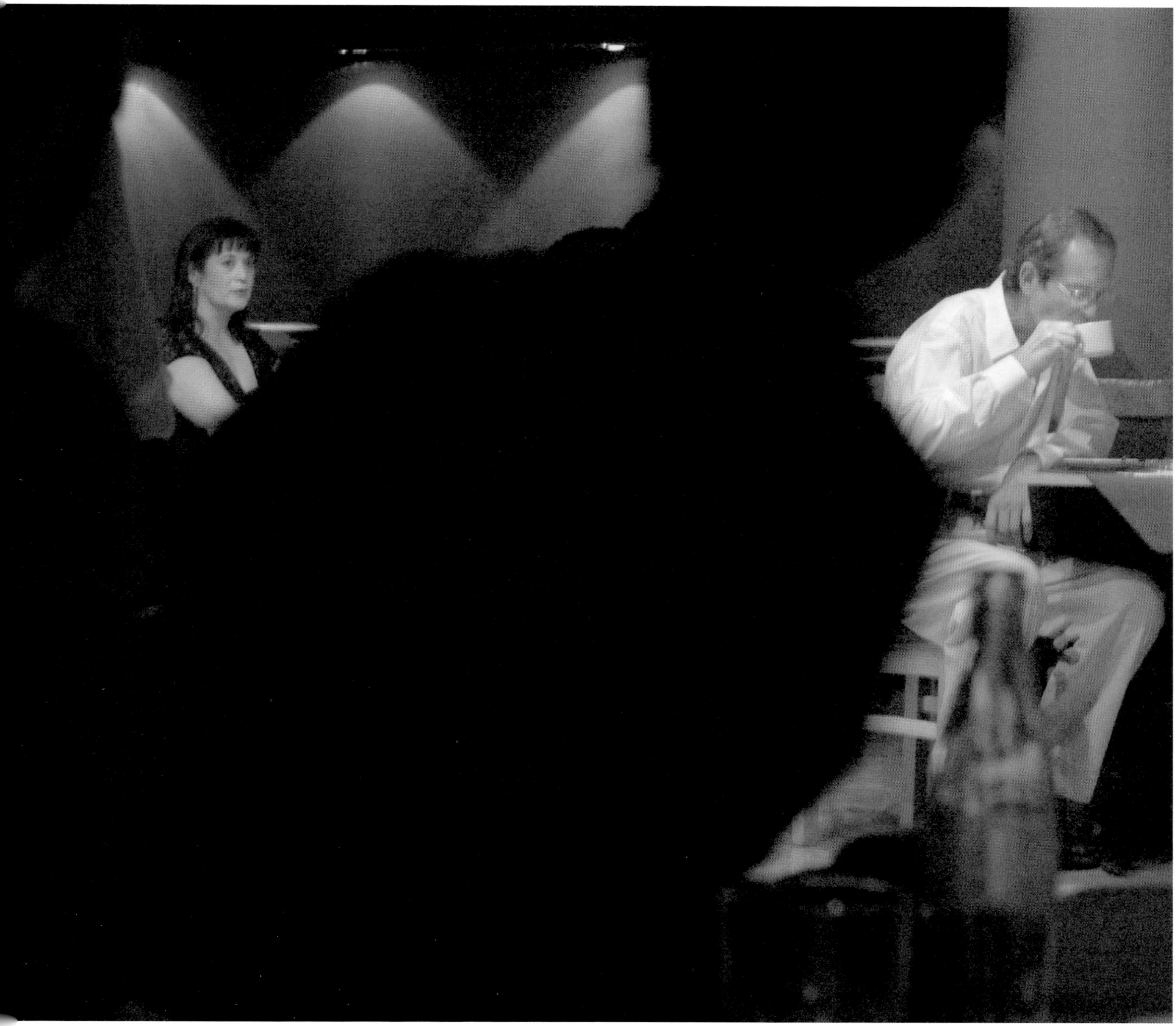

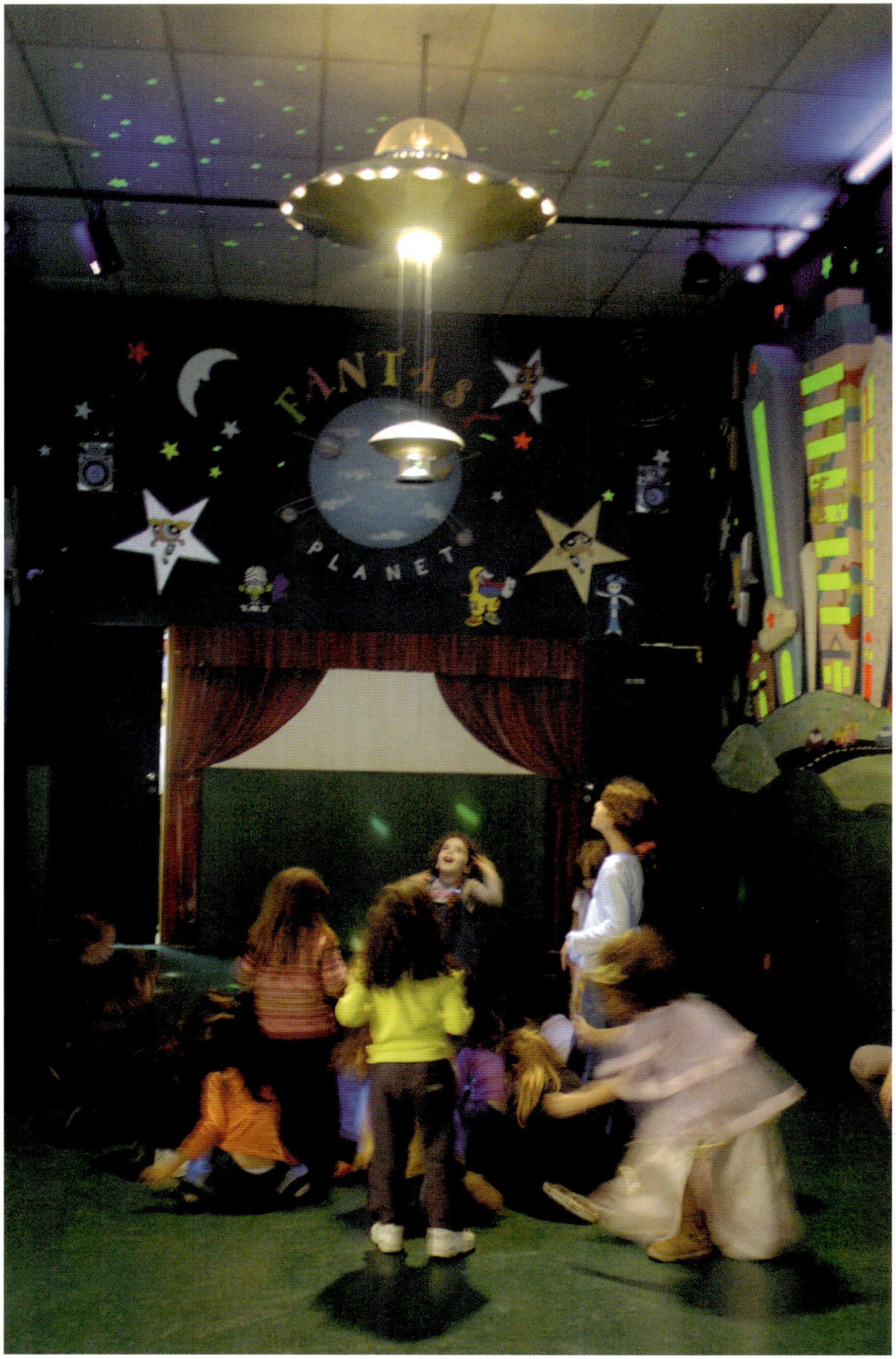
PLANET

La Boca, 6:00 p.m.

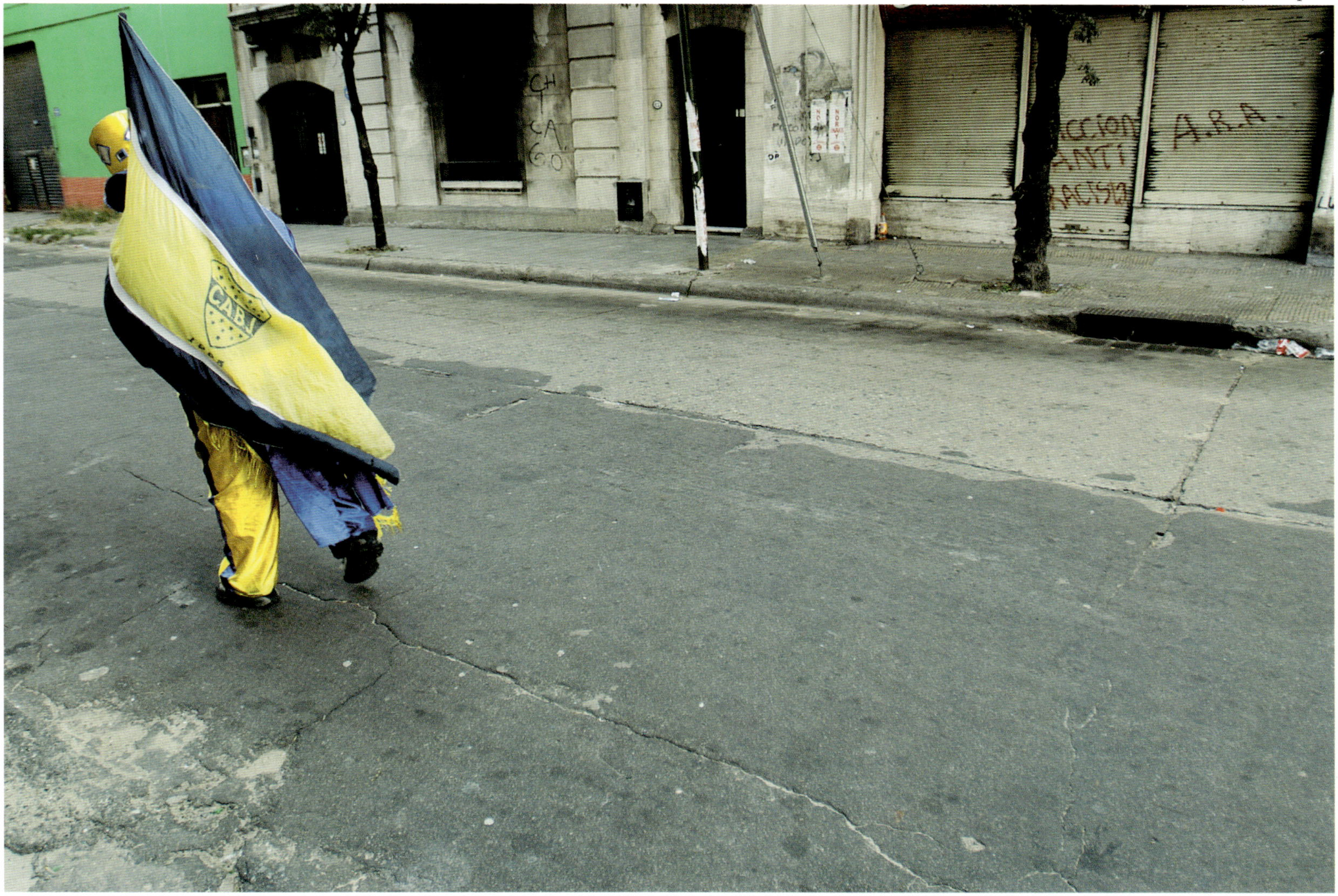

"Donde exista un hombre o una mujer o un niño que se rebele contra la injusticia, el viento le traerá el agitar de nuestros pañuelos para acompañarlo en su lucha. Mientras la voz de un joven se eleve contra los poderosos, allí estarán las madres: sembrando ideales y entregando la vida".

Madres de Plaza de Mayo.

Wherever there is a man, or a woman or a child that rebels against injustice, the wind will bring them the waving of our headscarves to stand by them in their struggle. As long as a young voice arises against the mighty, there the mothers will be: sowing ideals and giving their lives.

Mothers of Plaza de Mayo

Plaza de Mayo,
día jueves,
5:00 p.m.

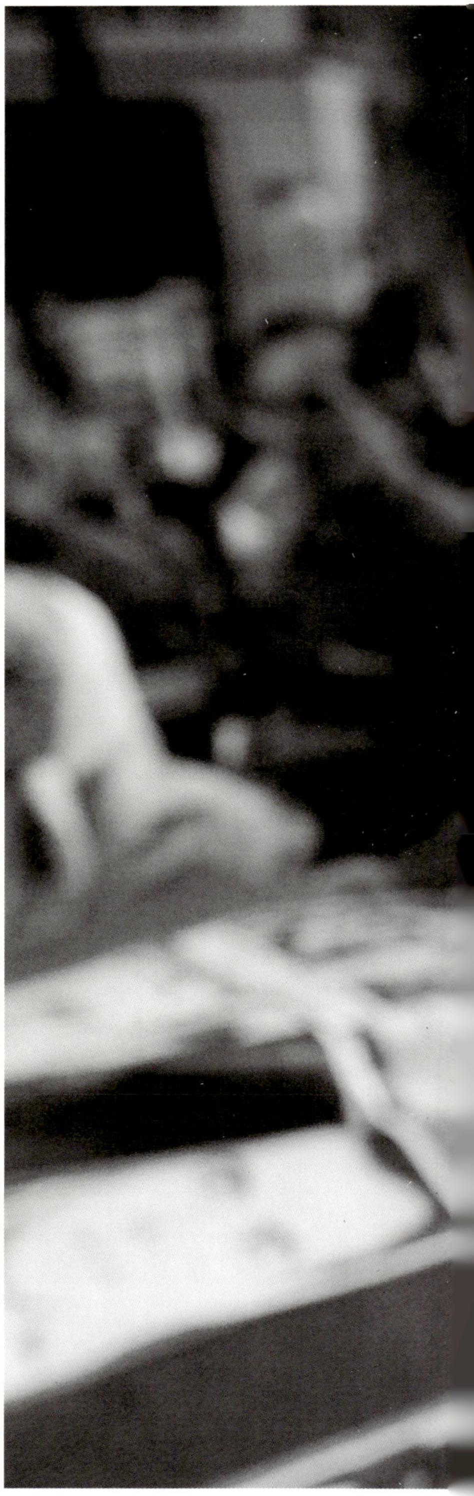

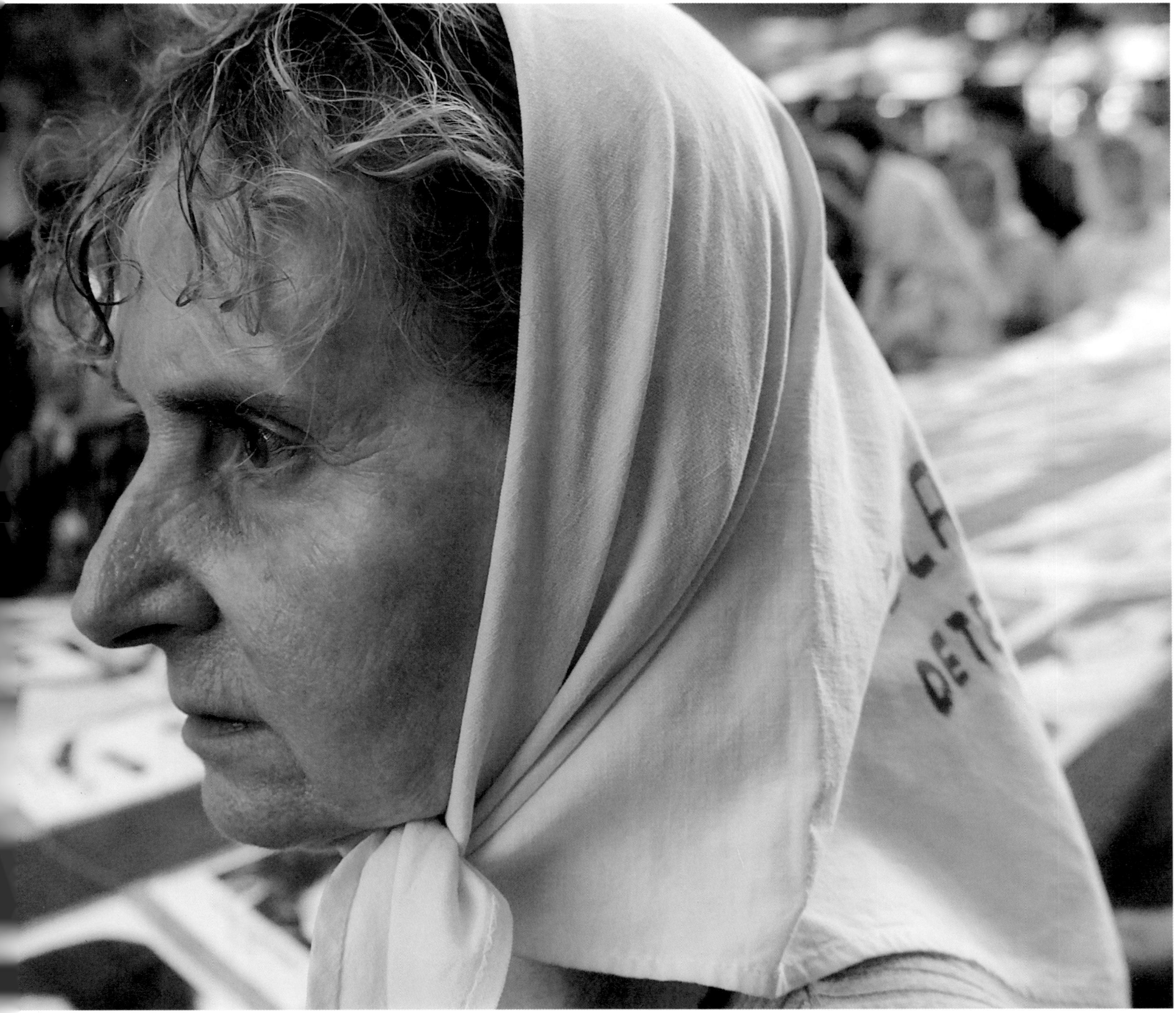

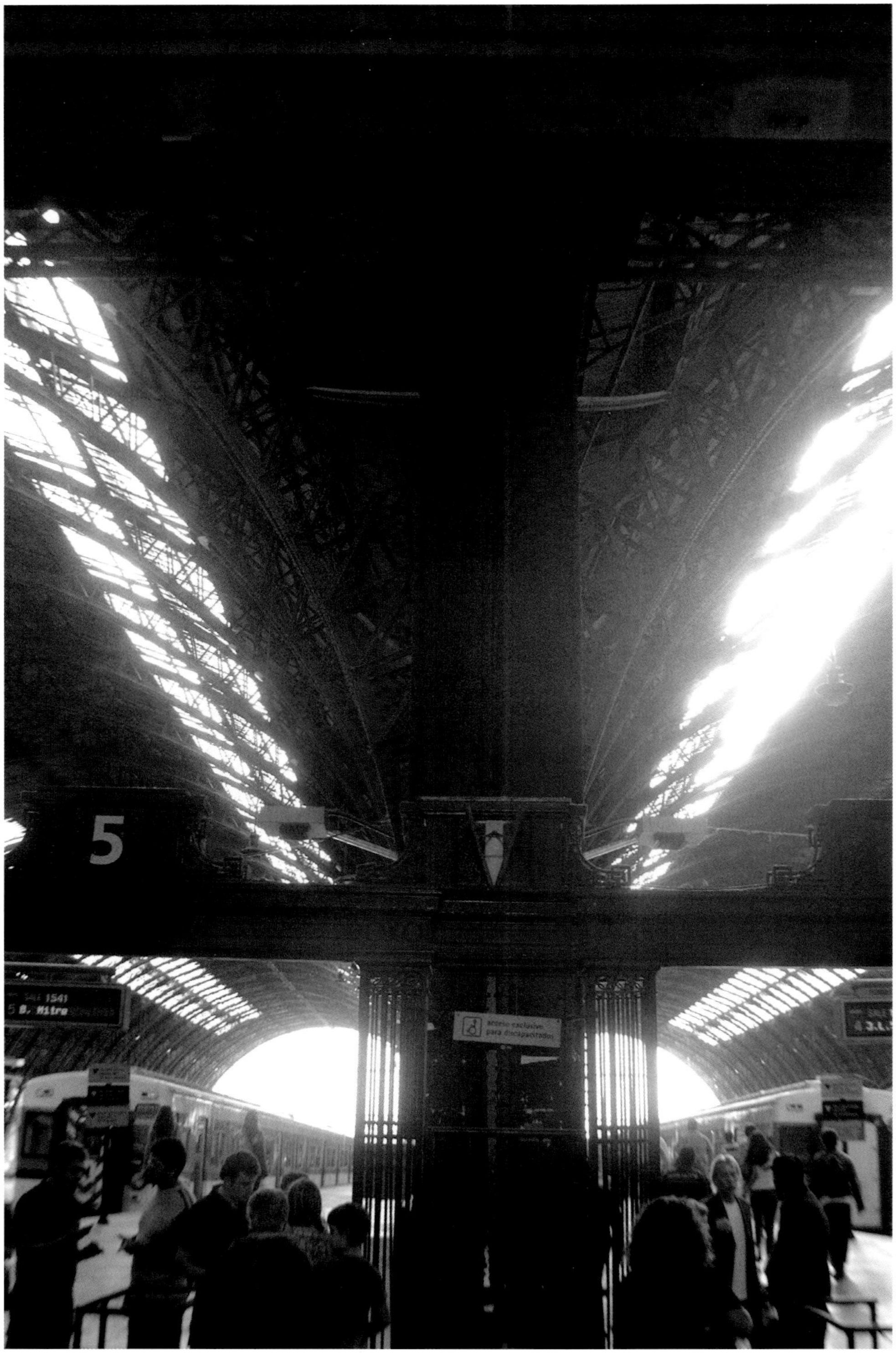

Estación Retiro, 8:00 a.m.

Calle Florida 400, 5:15 p.m.

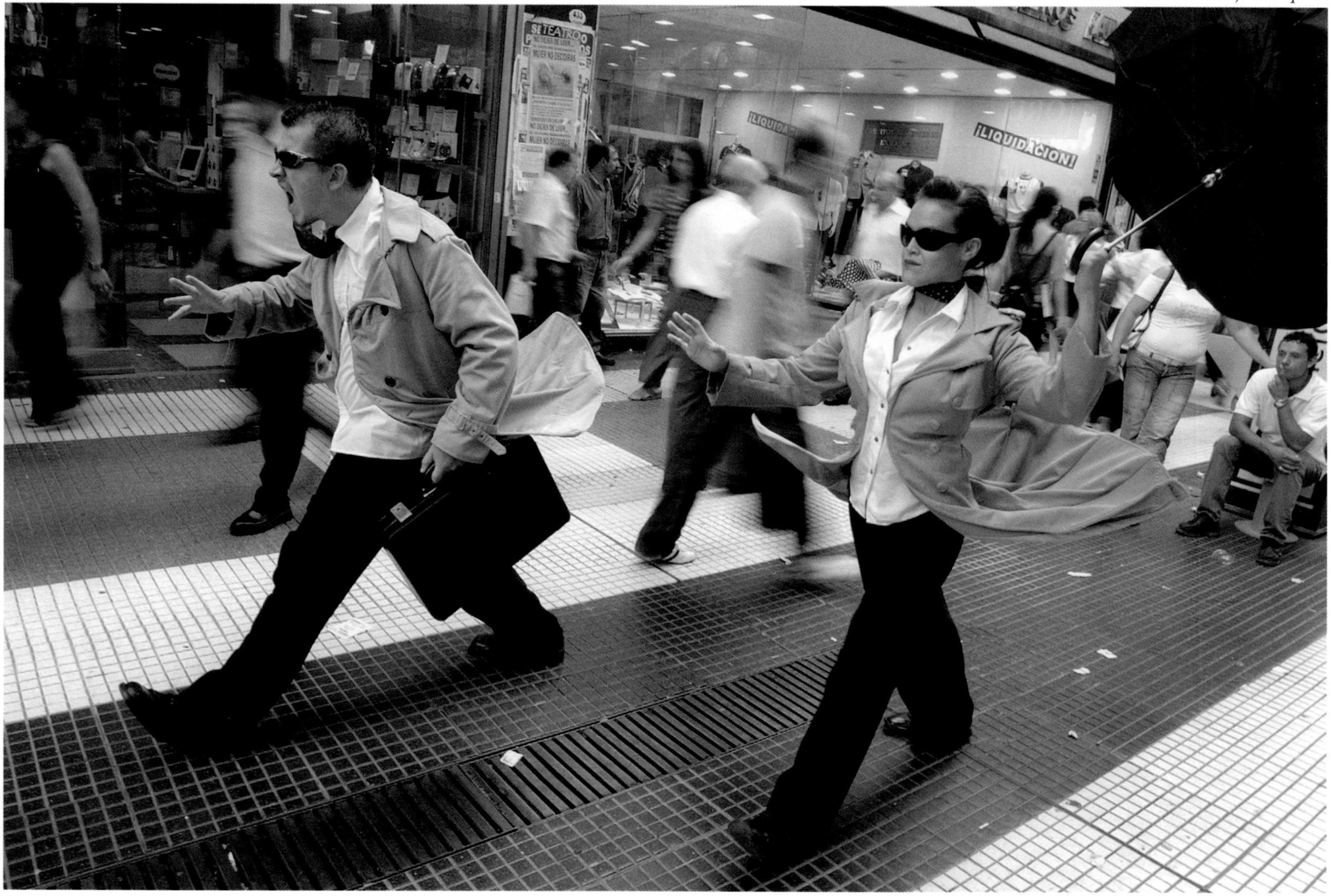

Fabrica IMPA, 5:15 a.m.

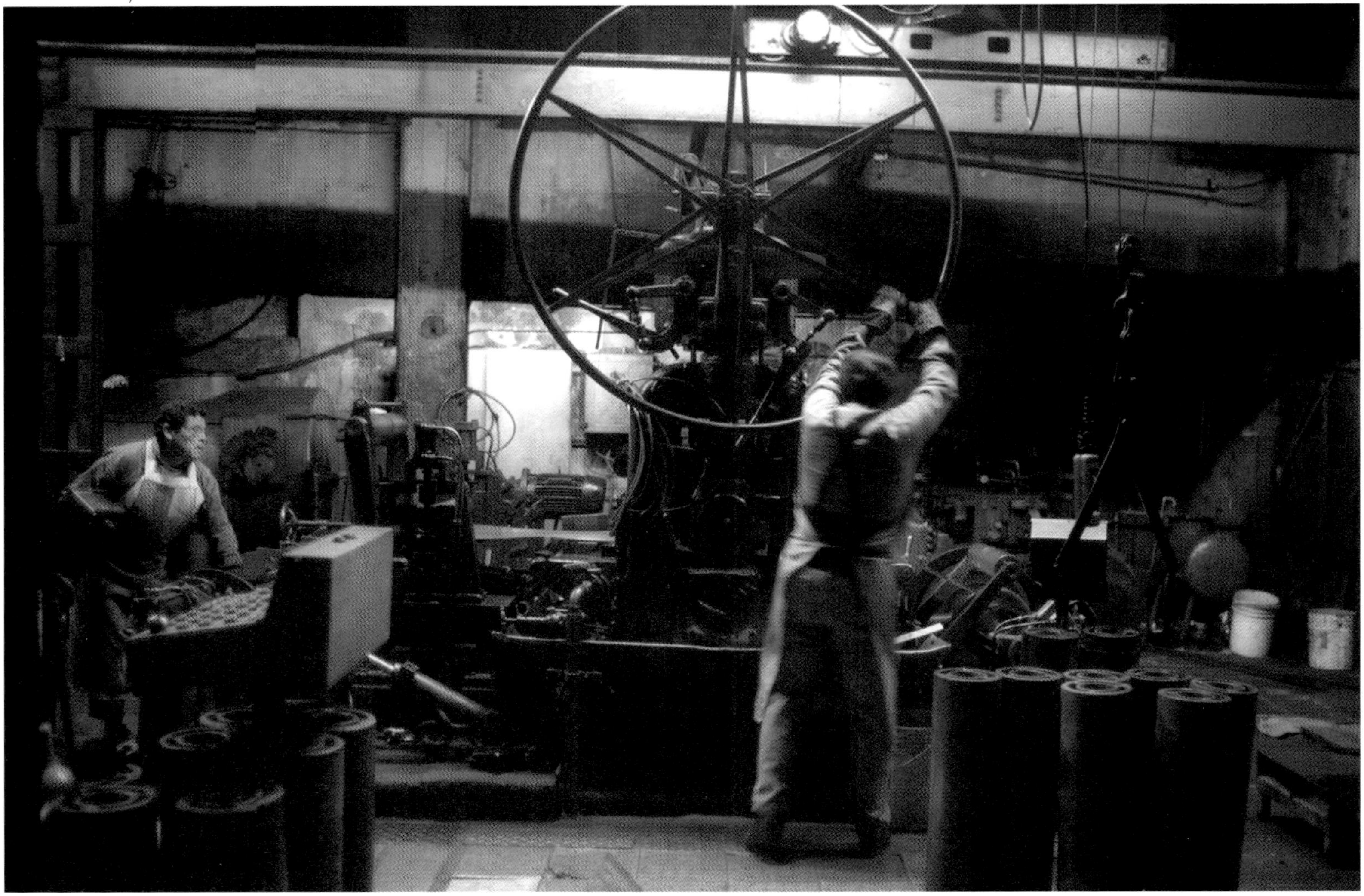

Centro Luvavich, 11:30 a.m.

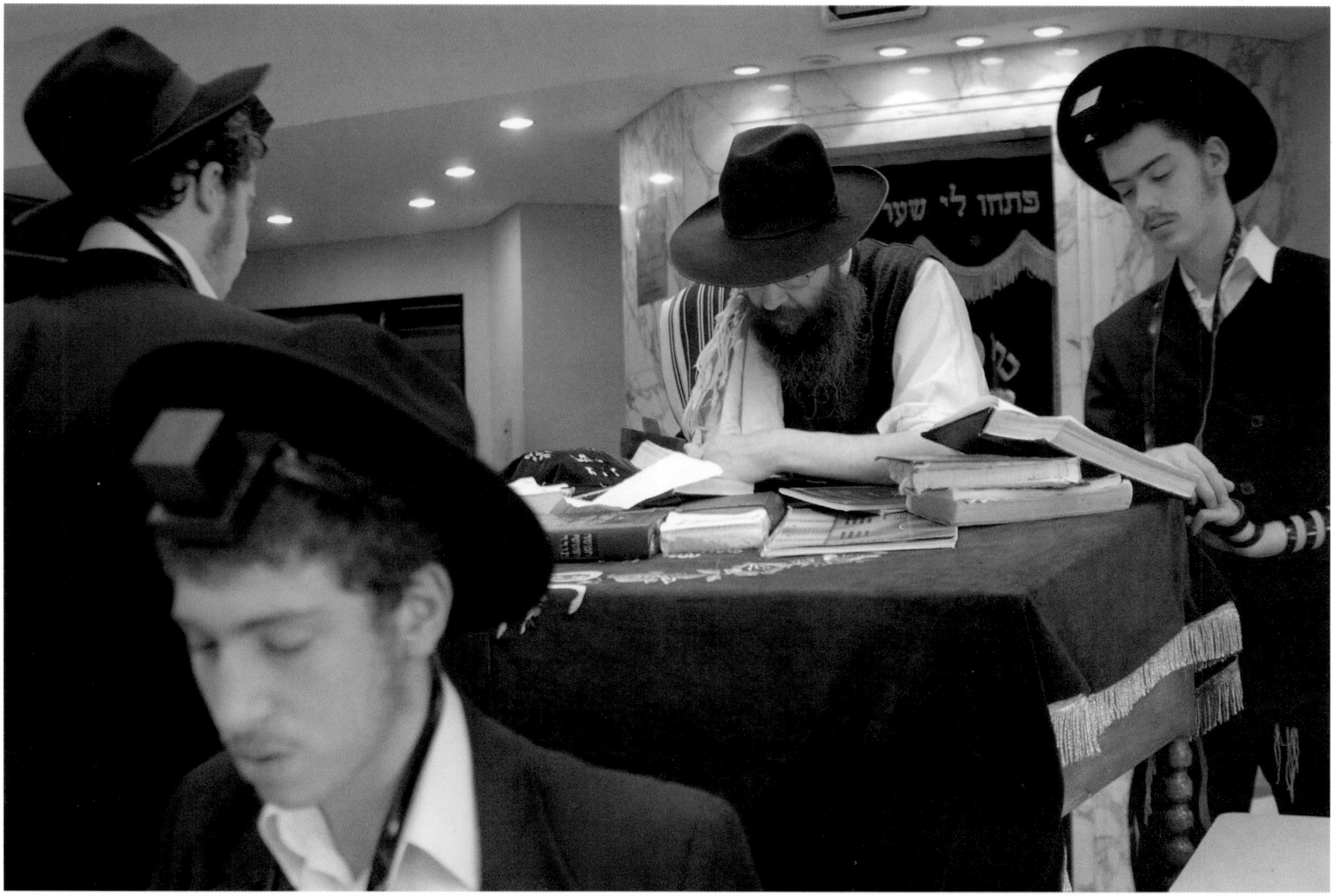

Av. Almirante Brown 800, 7:00 a.m.

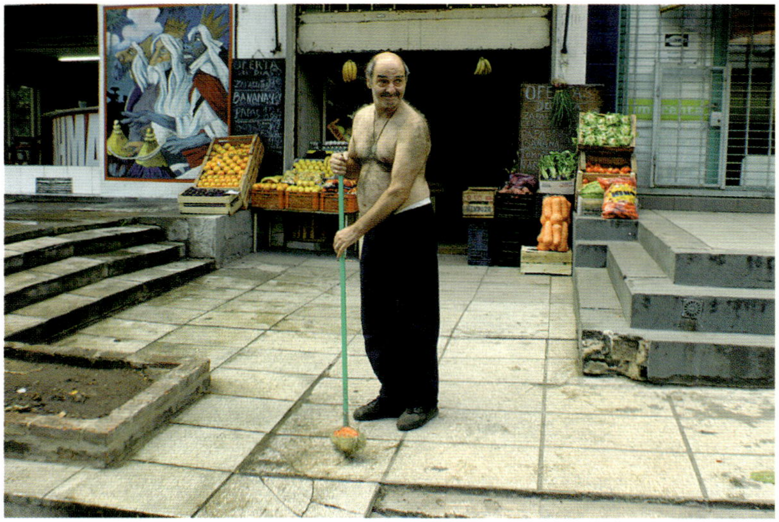

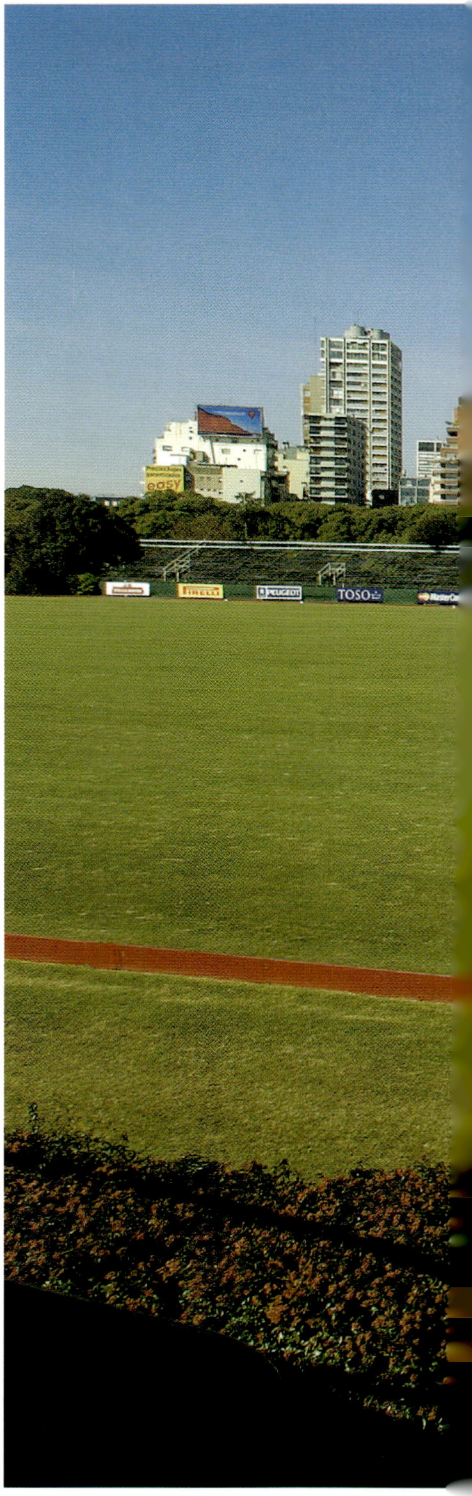

Cancha de Polo,
Palermo,
2:00 p.m.

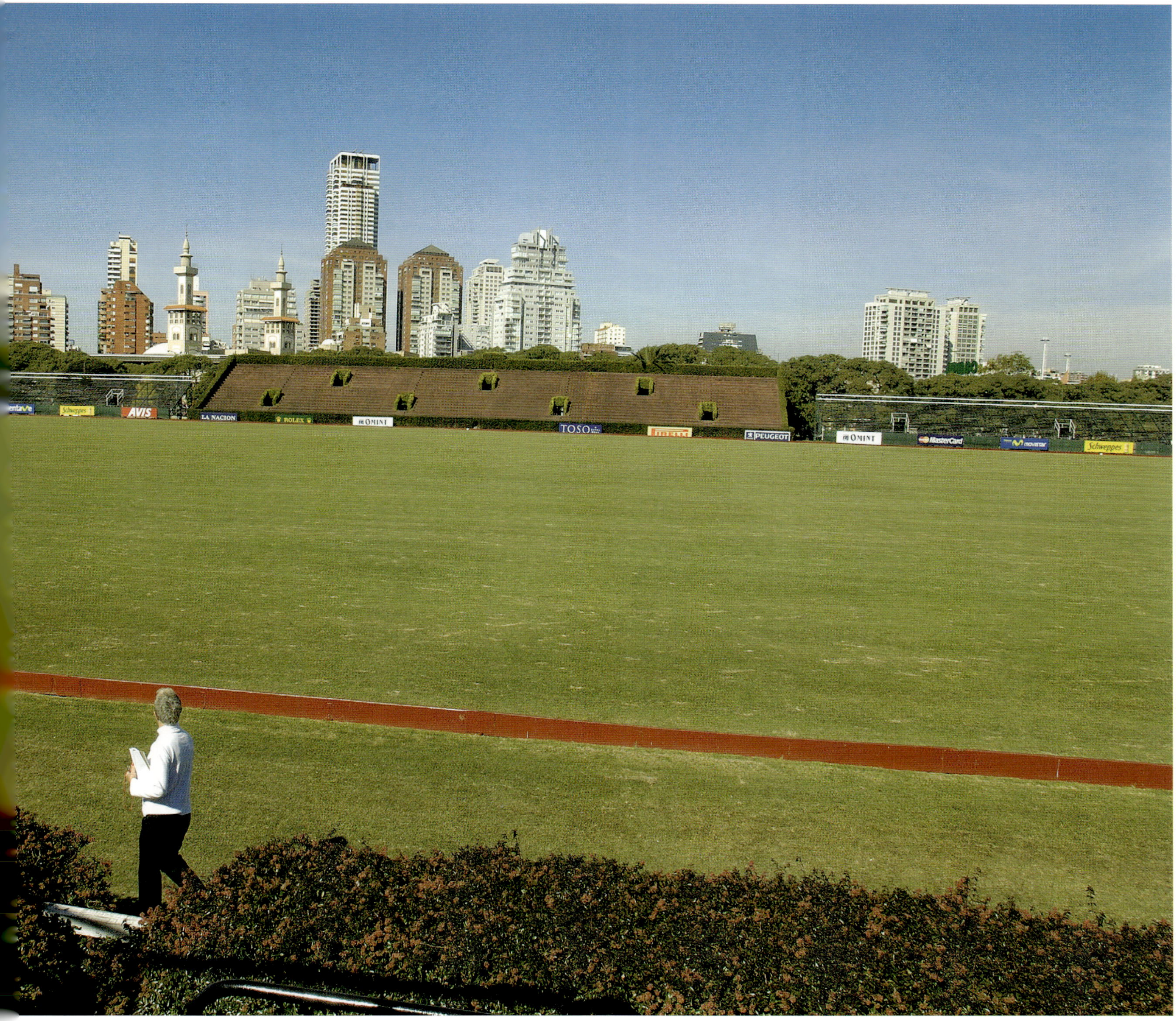
AVIS
LA NACION
ROLEX
OMINT
TOSO
PEUGEOT
OMINT
MasterCard
movistar
Schweppes

Av. Corrientes 800, 1:00 a.m.

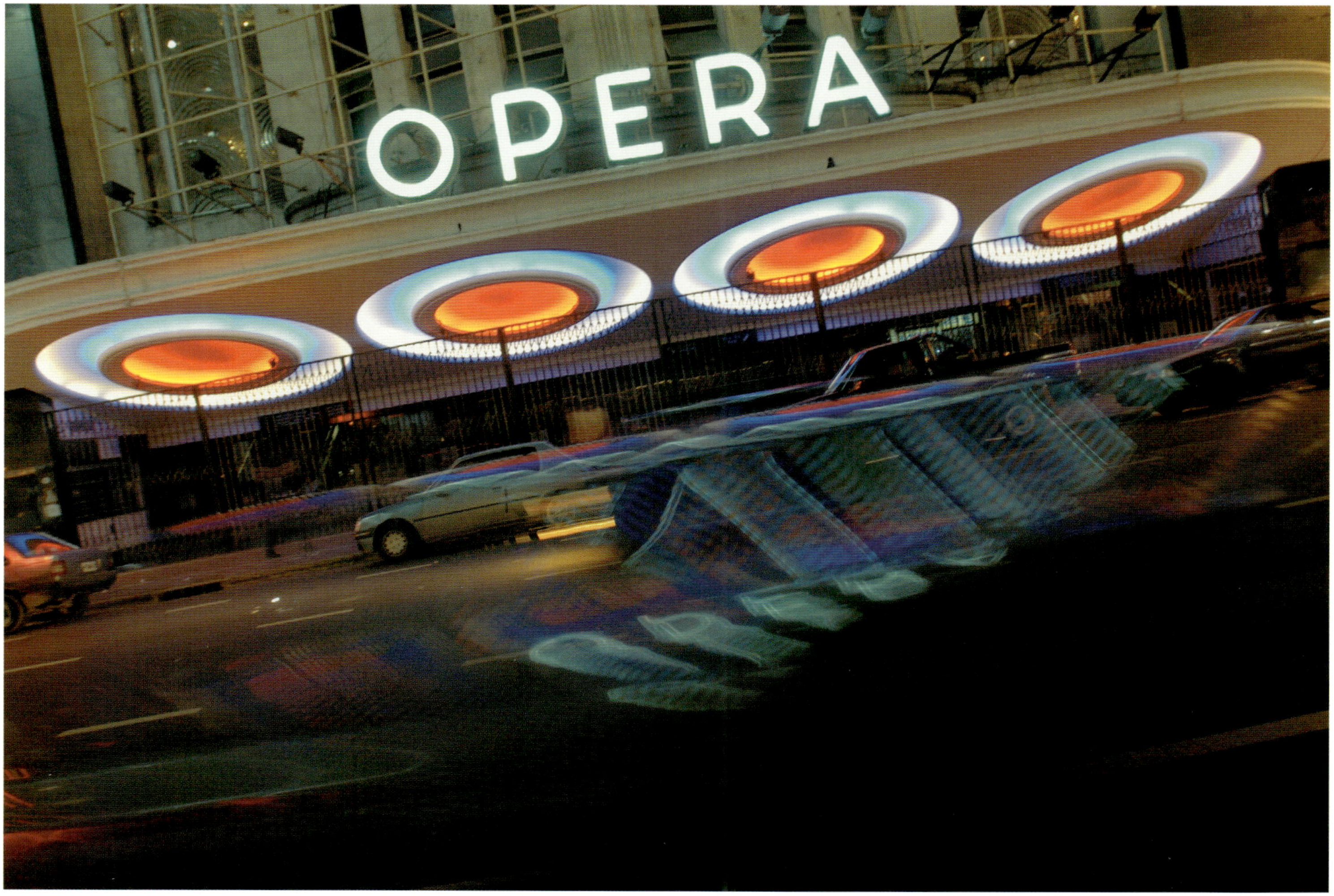

Hipódromo de Palermo, 8:00 p.m.

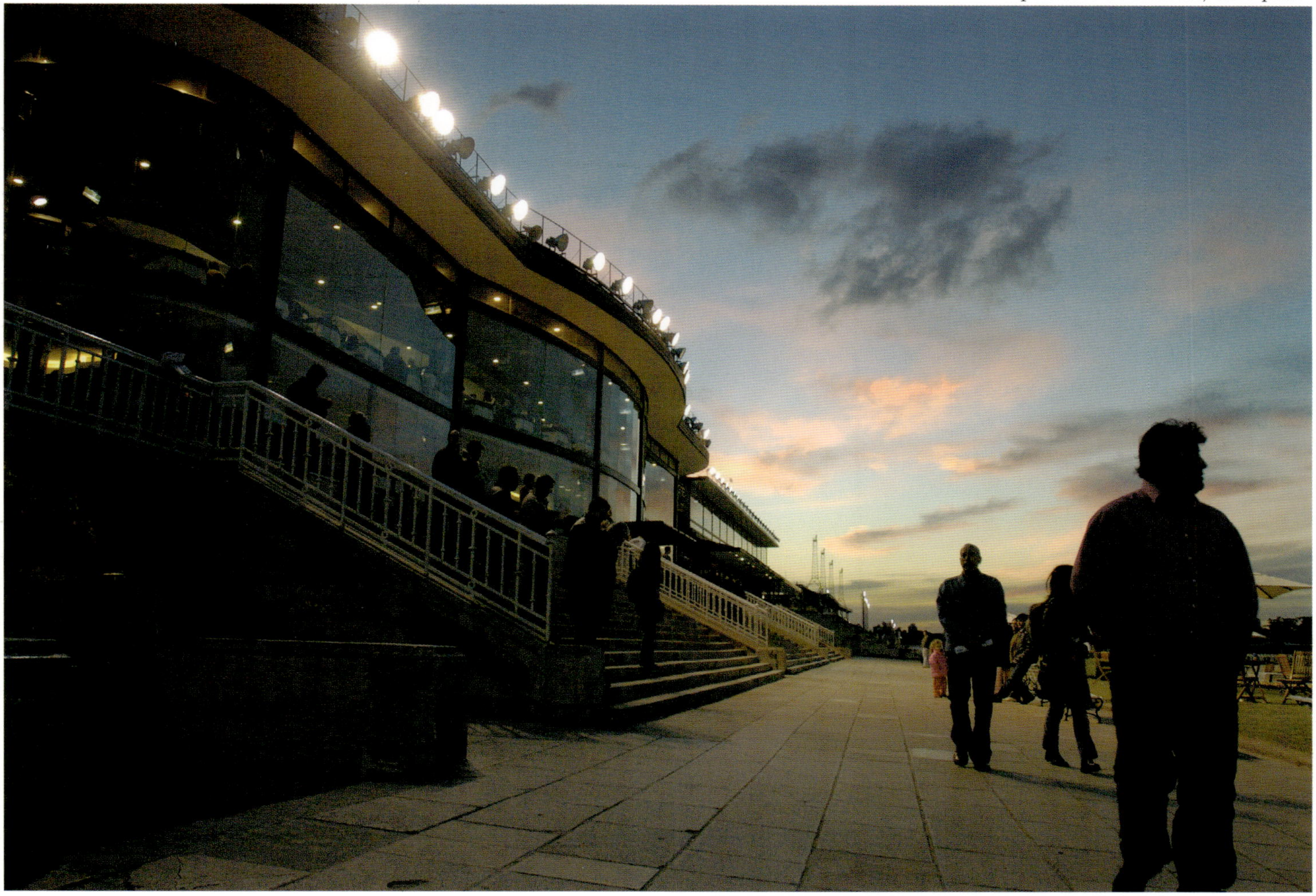

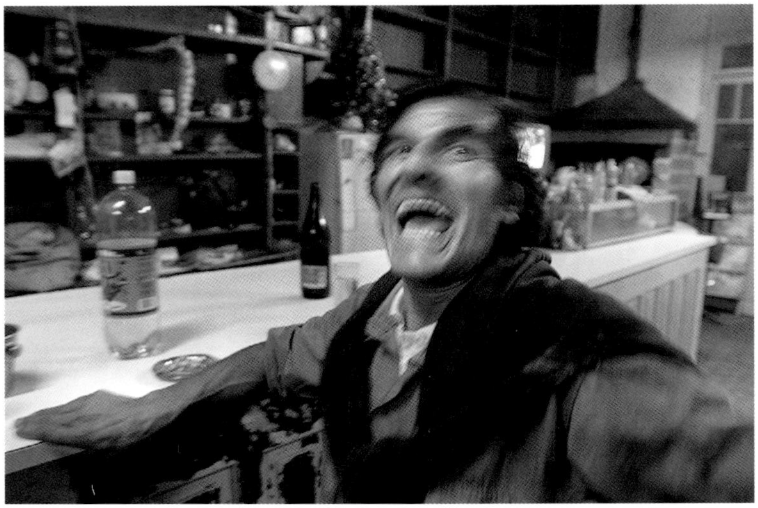

Plaza Lavalle, 9:30 a.m.

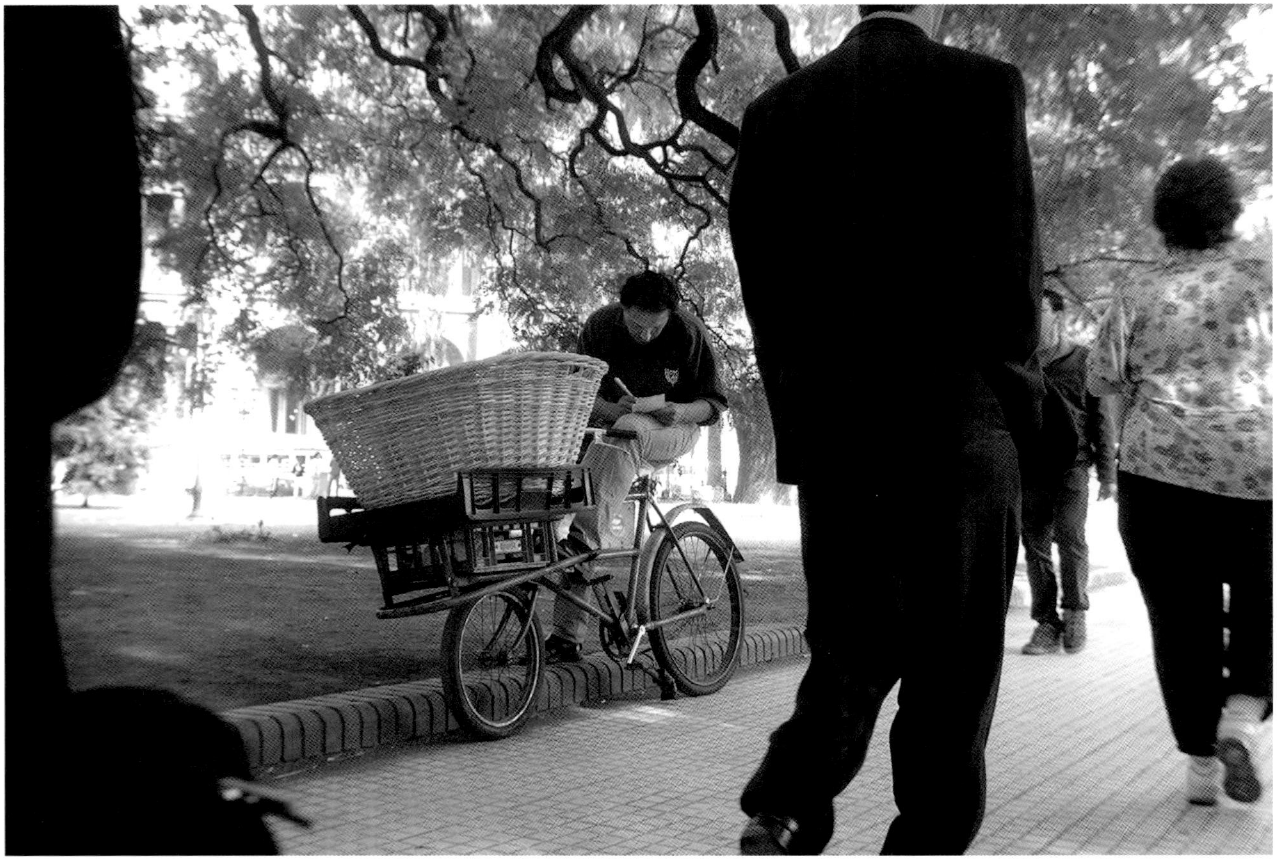

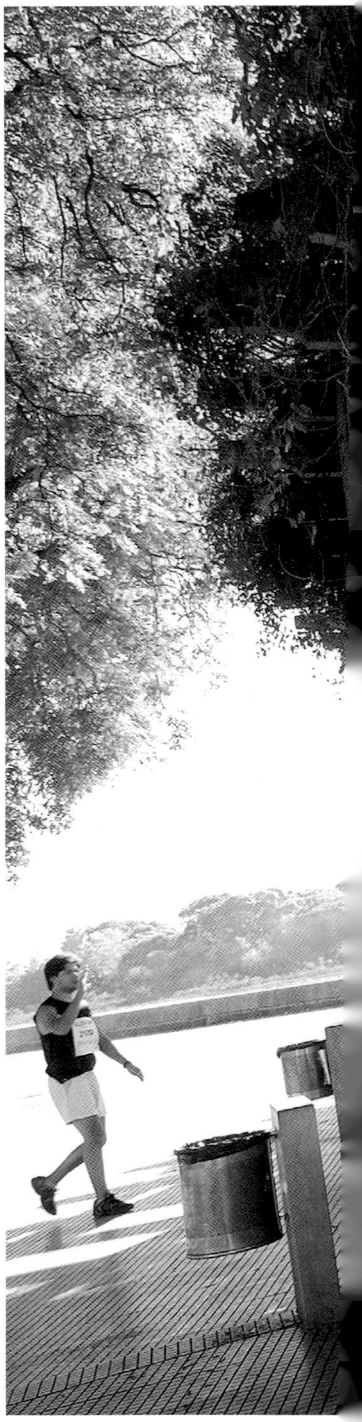

Costanera sur, 8:00 a.m.

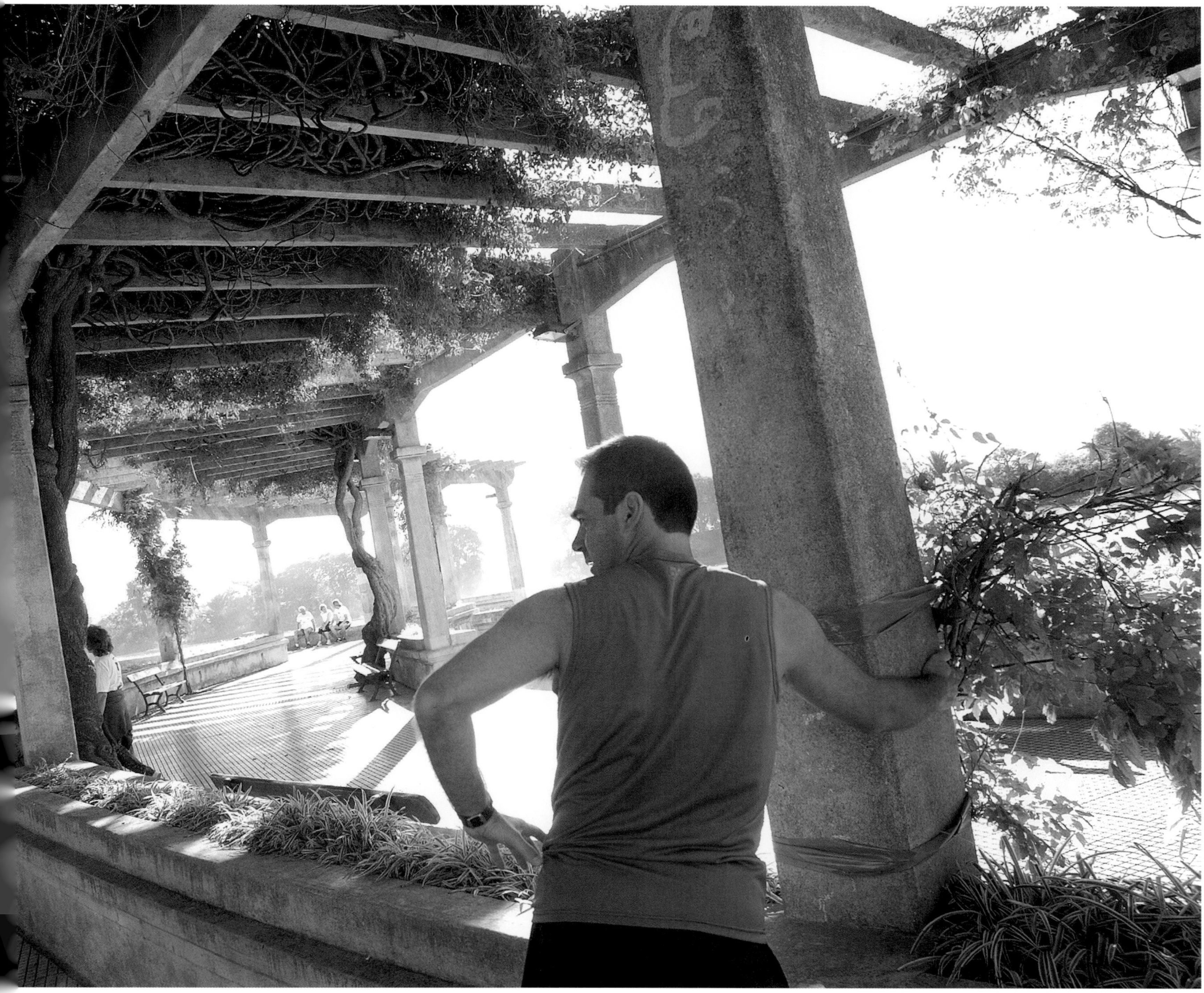

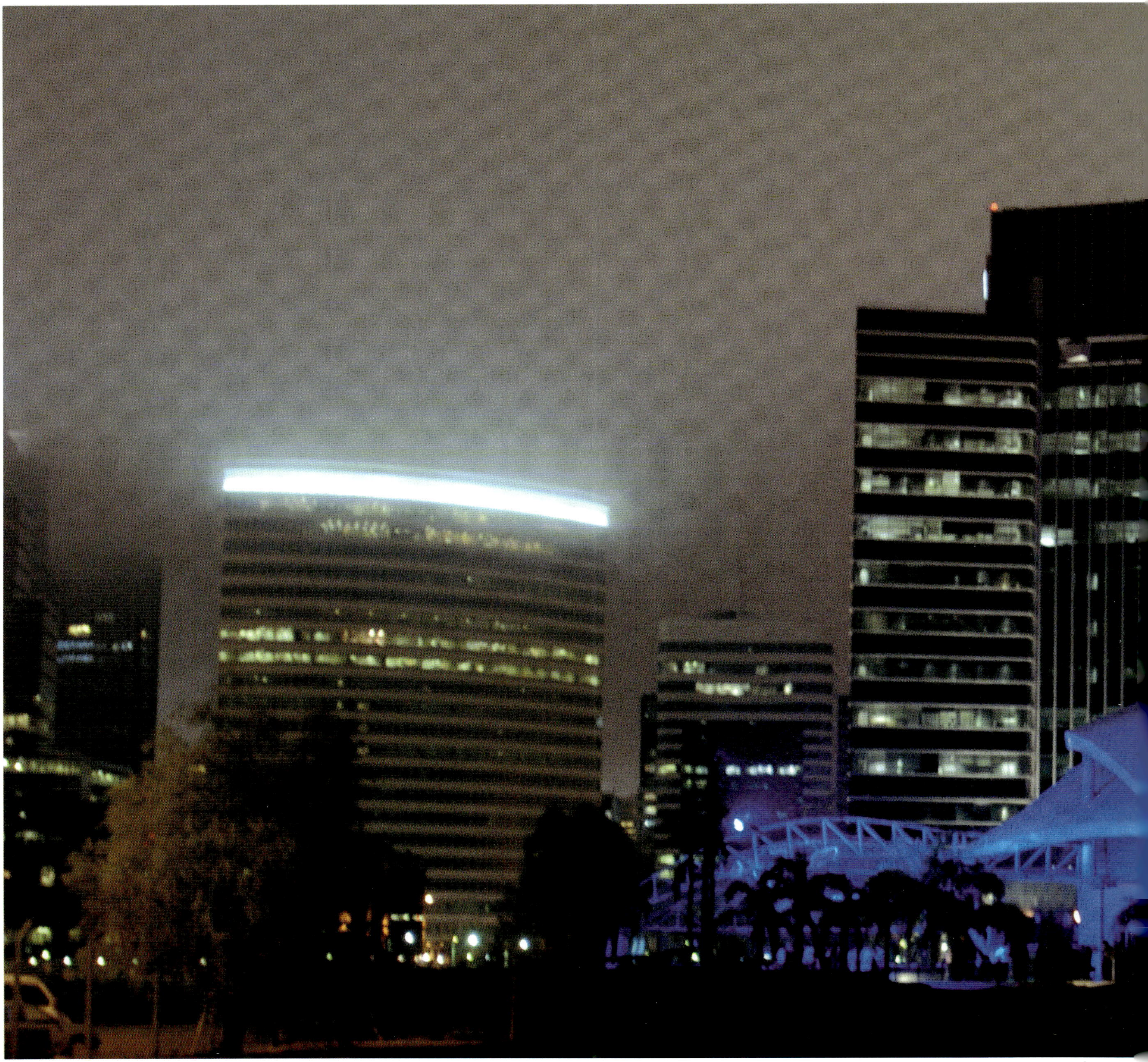

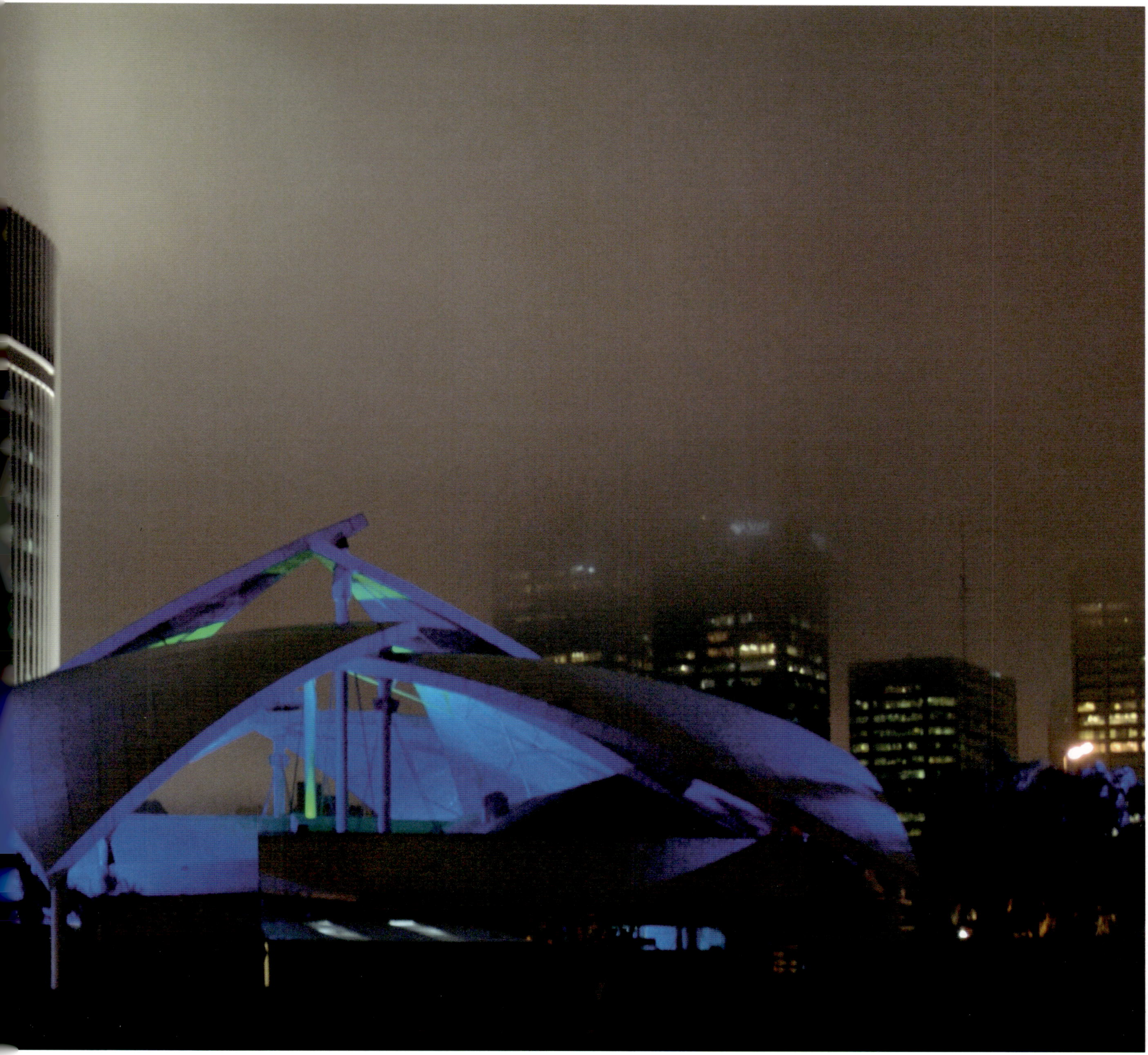

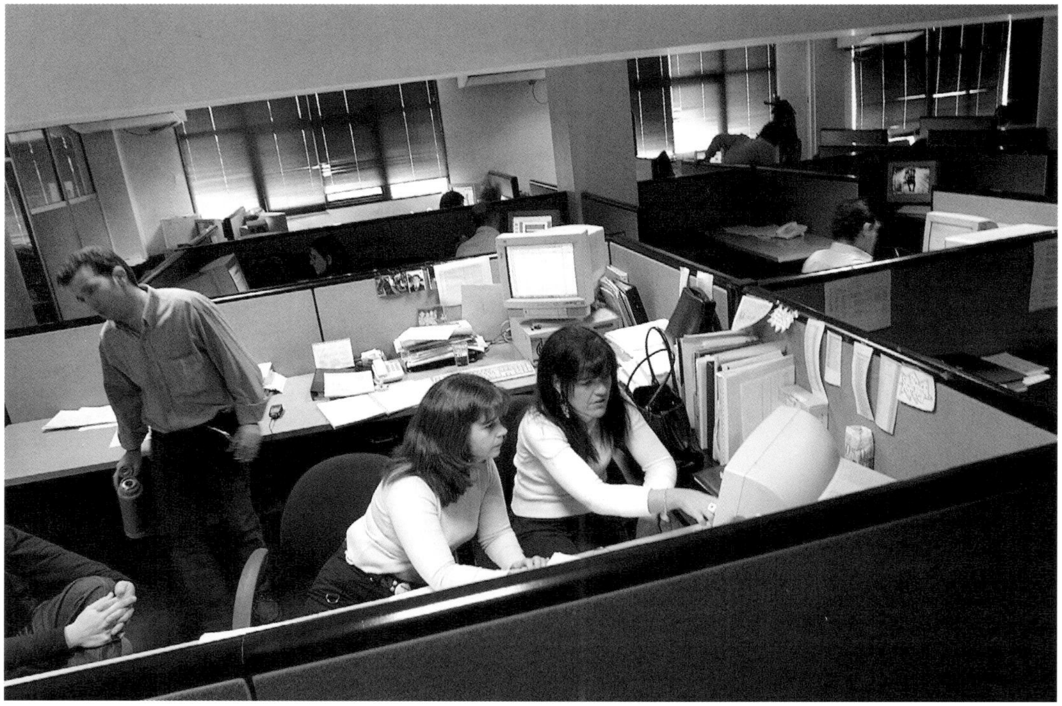

Ministerio de Trabajo, 4:00 p.m.

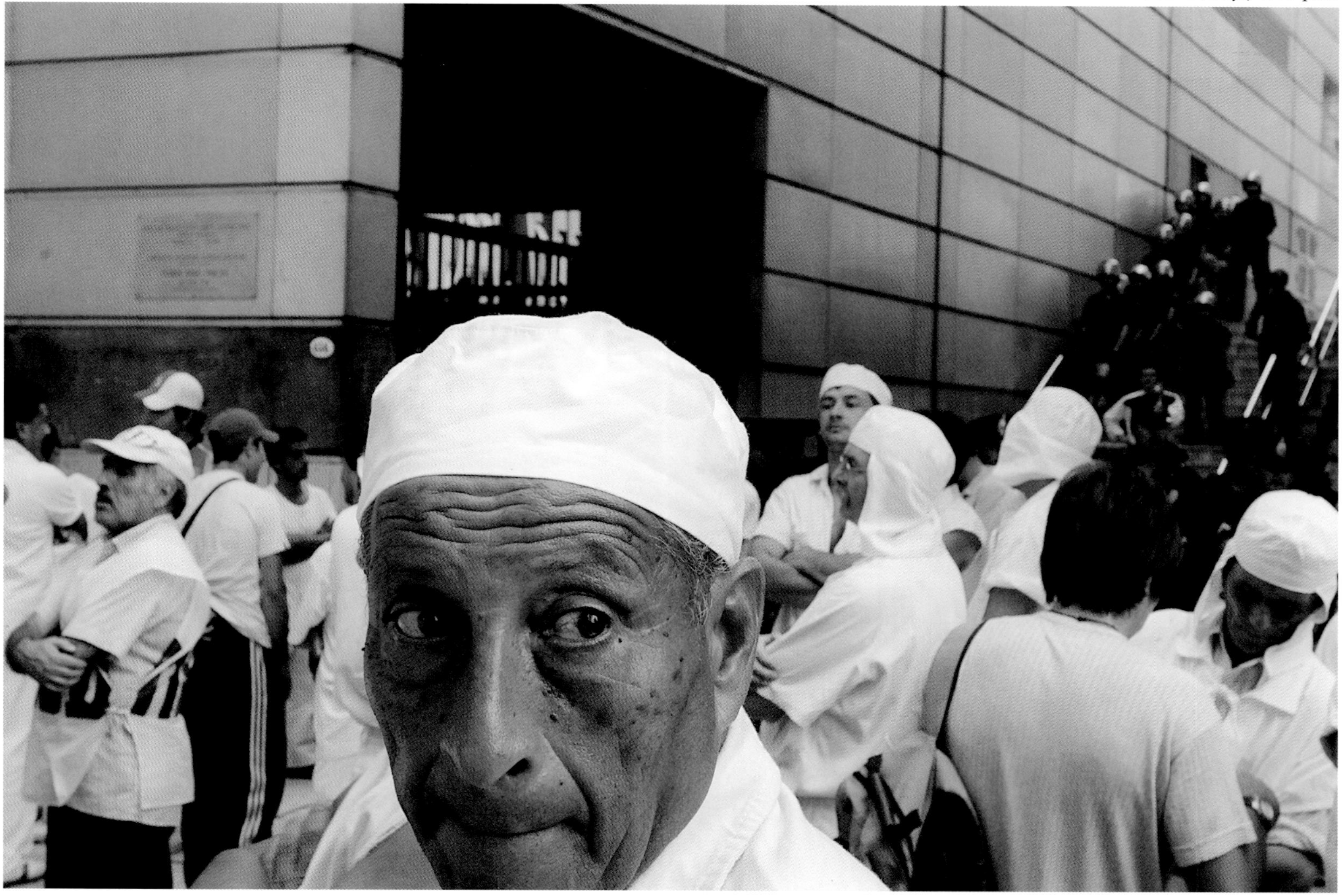

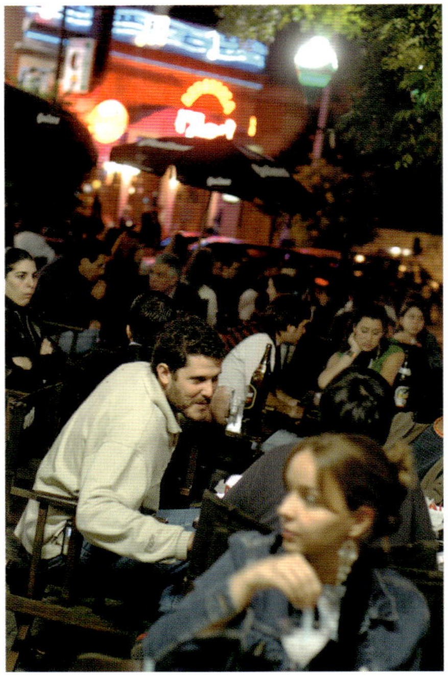

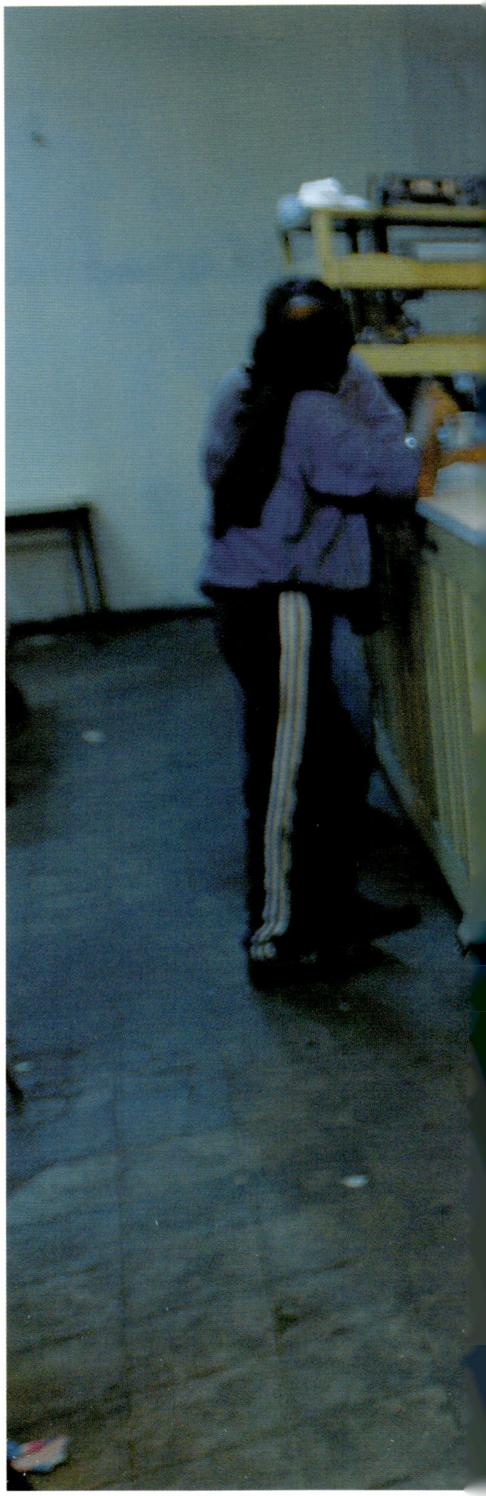

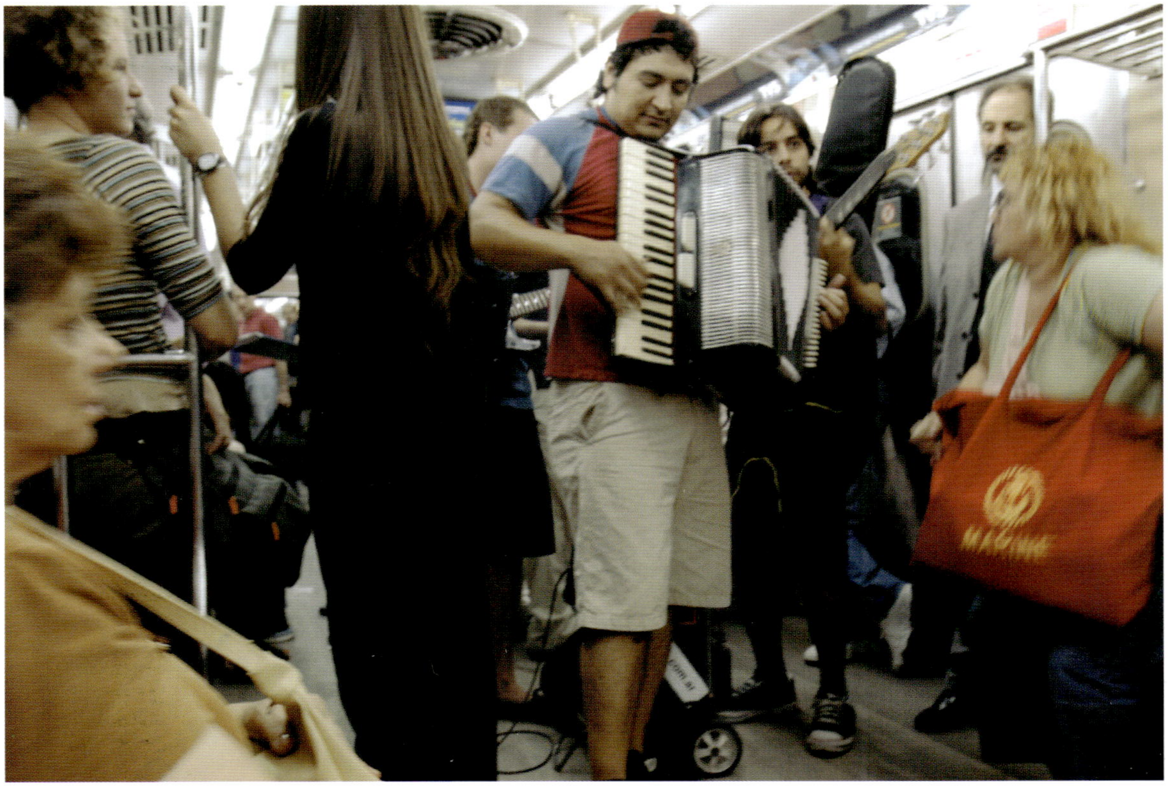

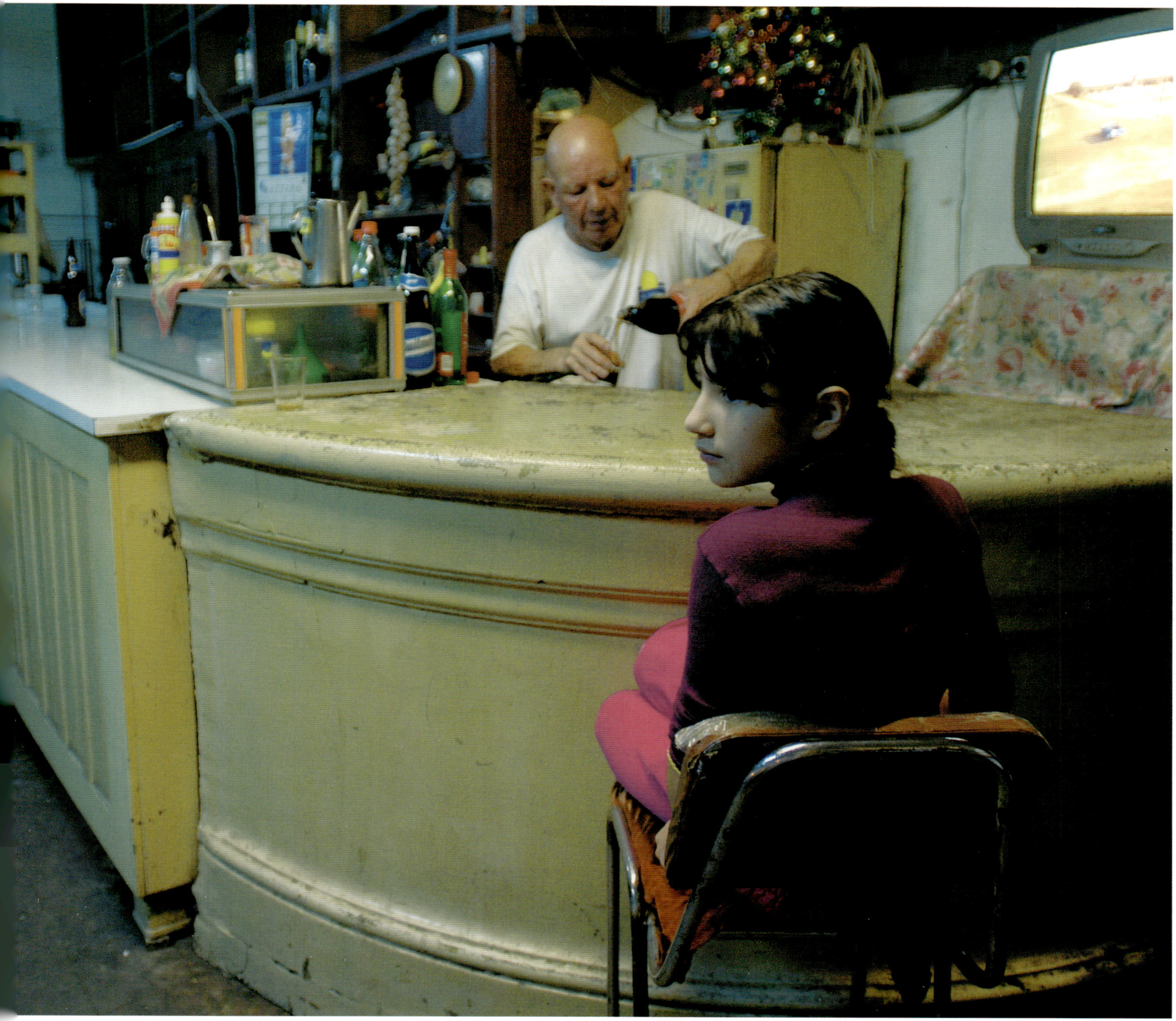

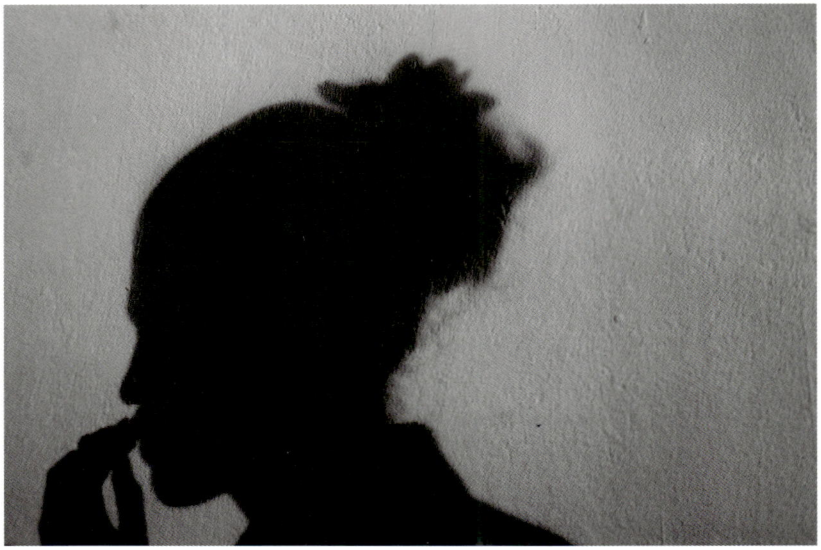

Percanta que me amuraste
en lo mejor de mi vida dejándome el alma
herida y espinas en el corazón...!
Sabiendo que te quería,
que vós eras mi alegría
y mi sueño abrasador...!

Mi noche triste.
Pascual Contursi - Samuel Castriota.

Percanta, you who ripped me off
In the prime of my life
Leaving only my damaged soul
And thorns in my heart....!
Knowing that I loved you,
That you were my joy
And my burning dream...!

My Sad Night.
Pascual Contursi - Samuel Castriota.

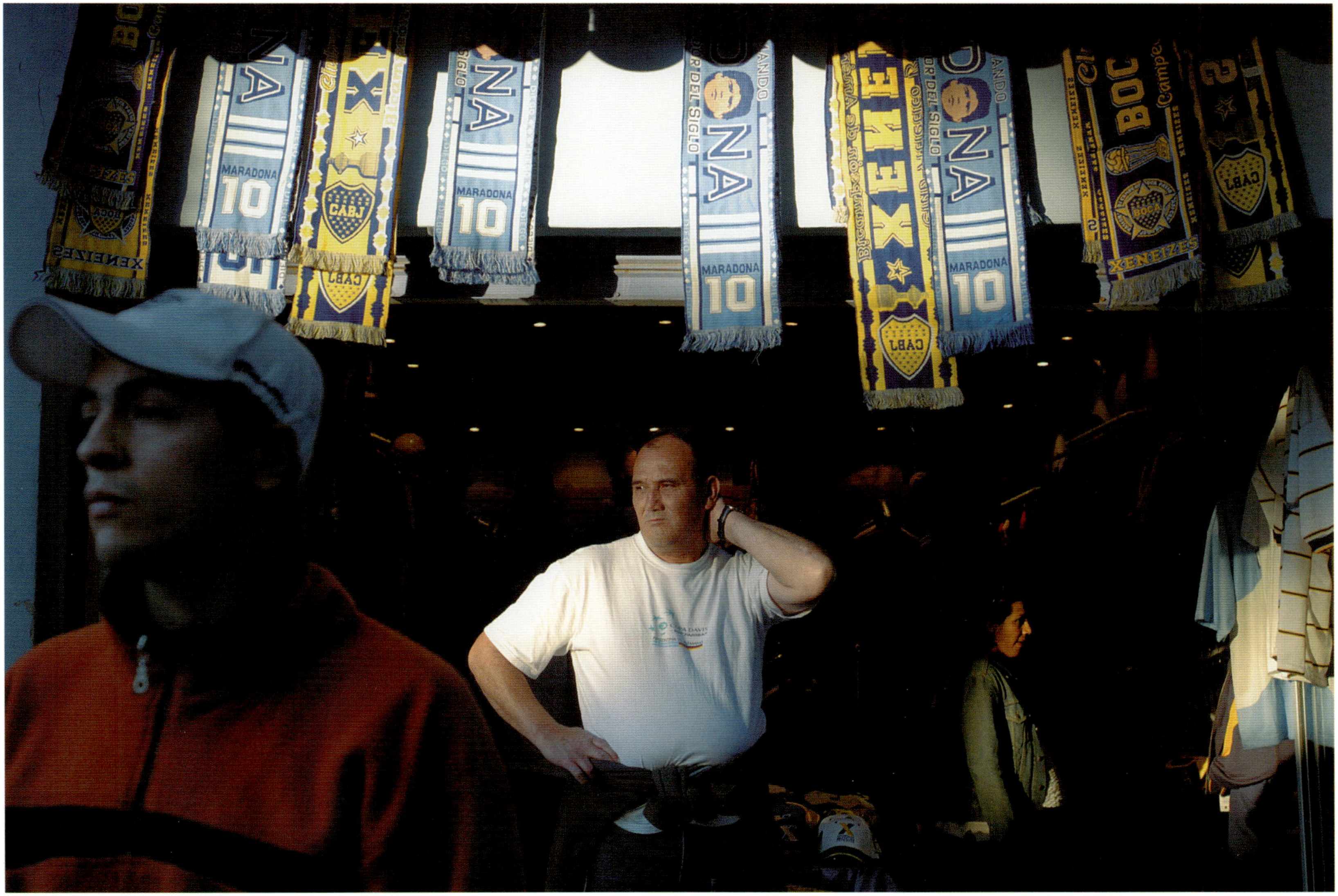
MARADONA
10
CABJ
XENEIZES

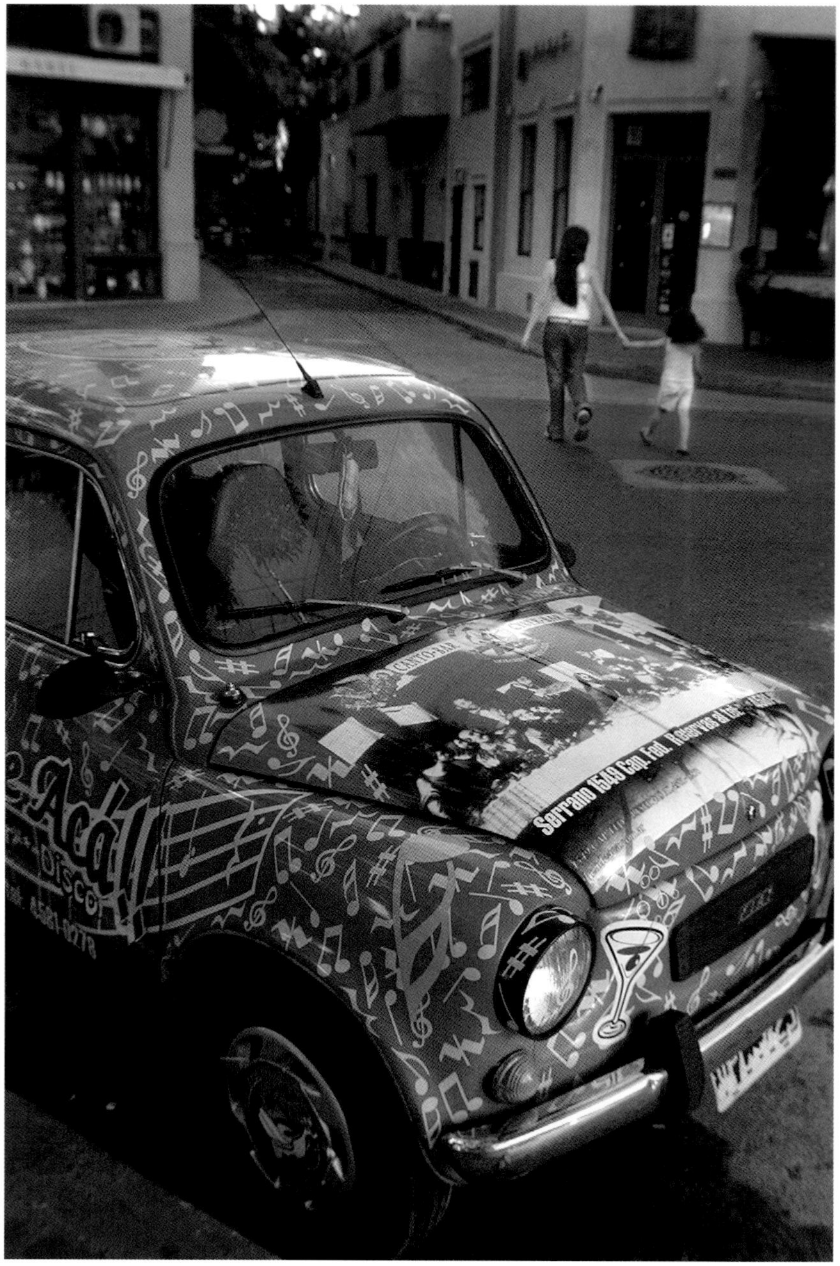
Serrano 1540 Cap. Fed.
Disco

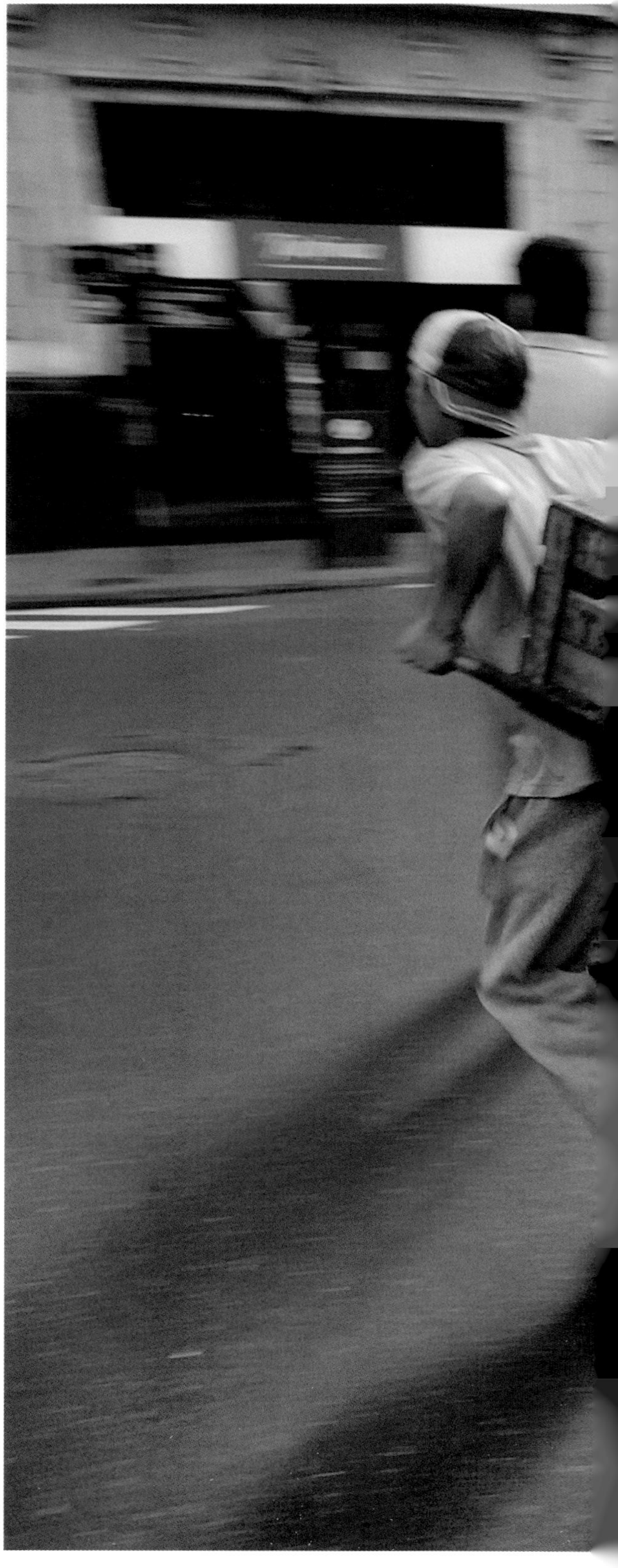

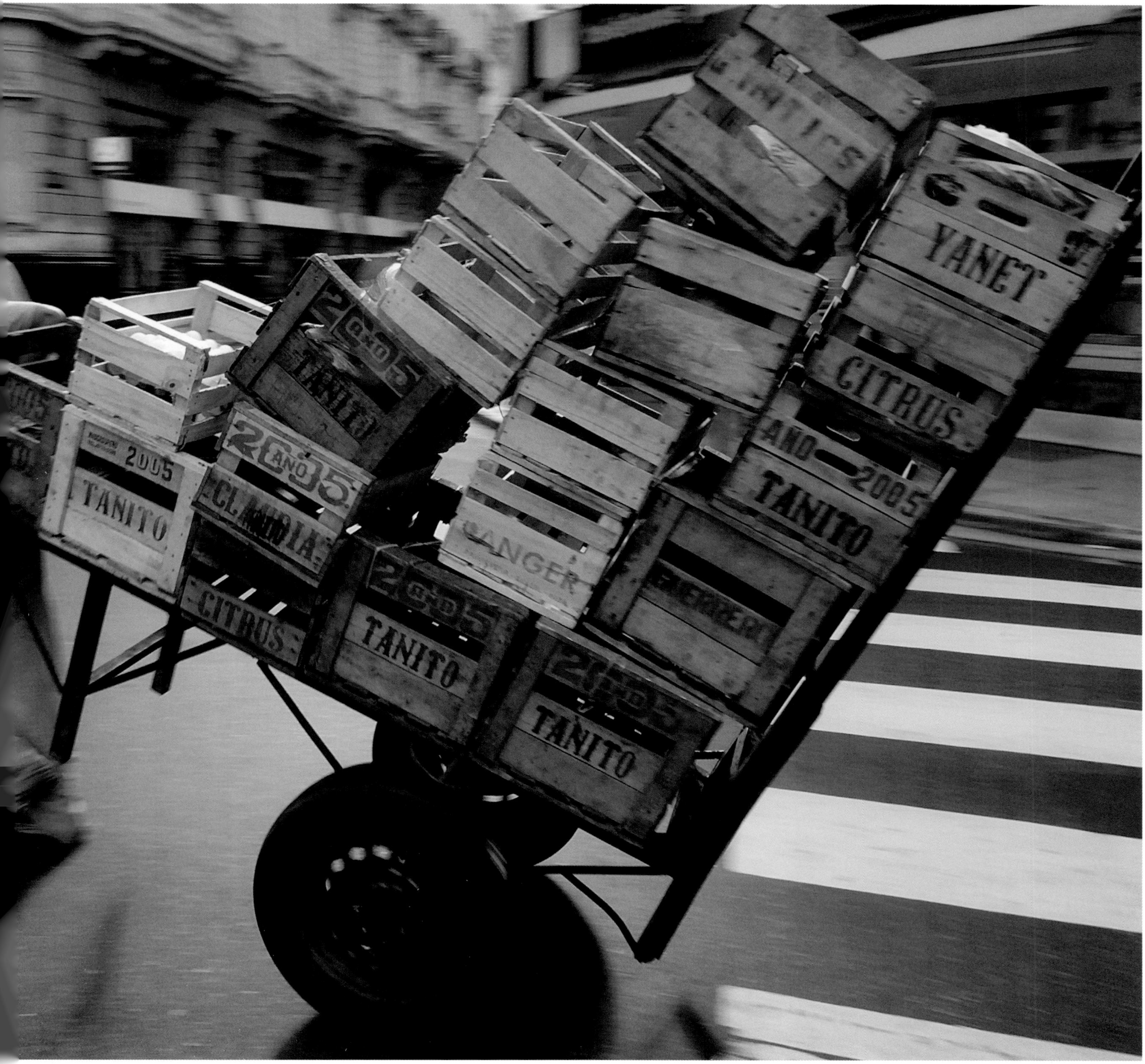
YANET
CITRUS
AÑO 2005
TANITO
2005
TANITO
CLAUDIA
CITRUS
TANITO
TANITO

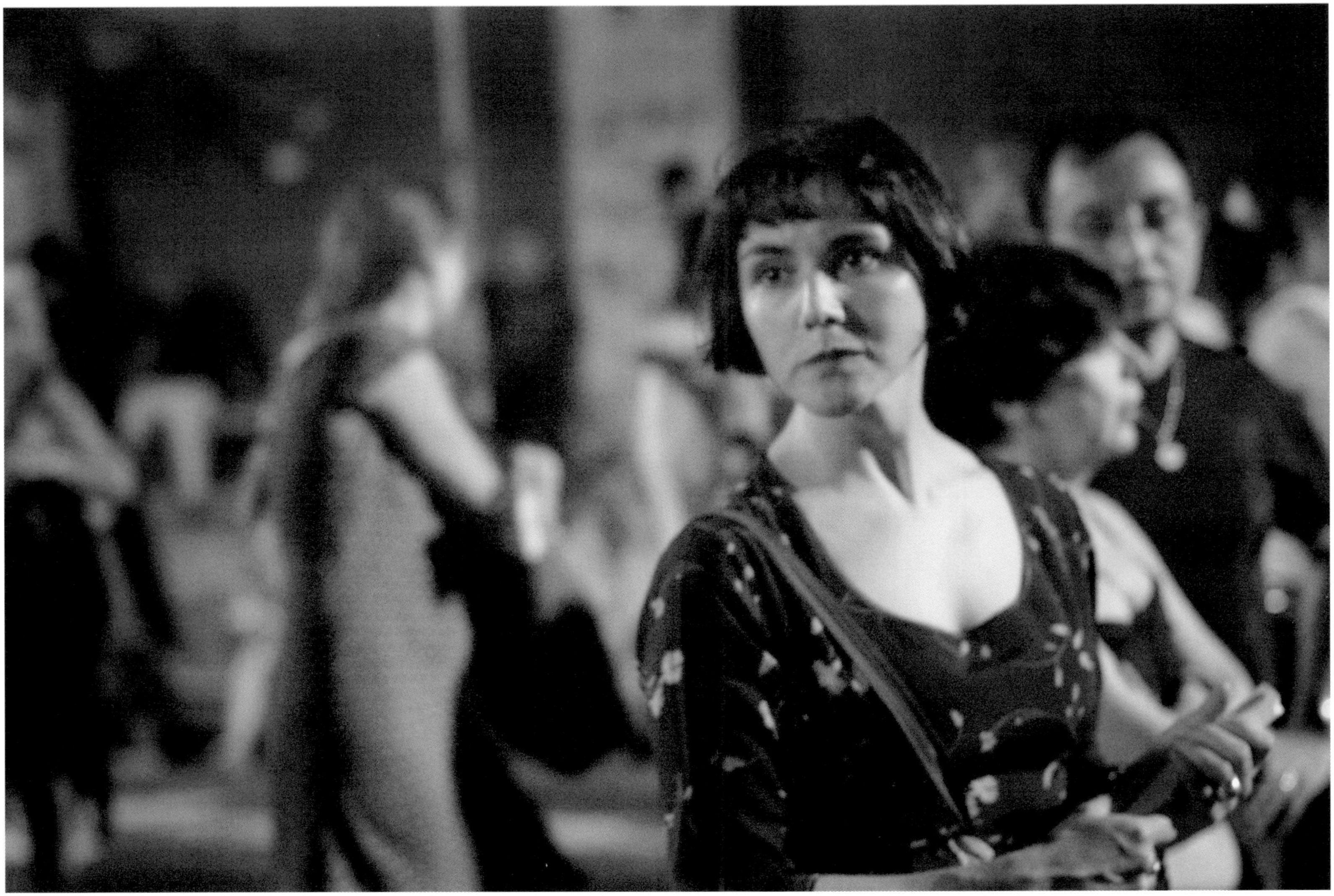

Catedral Nacional, 2:00 p.m.

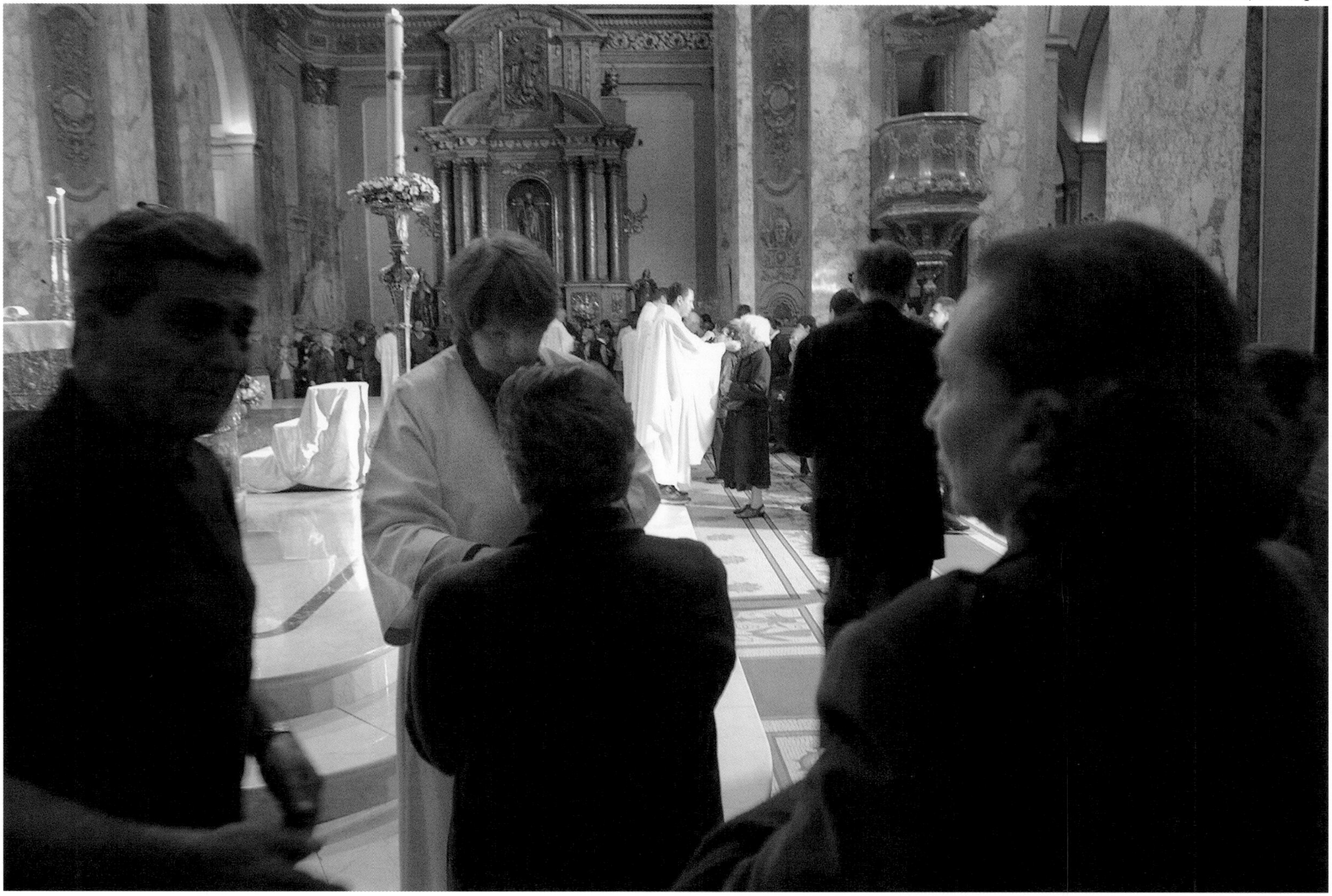

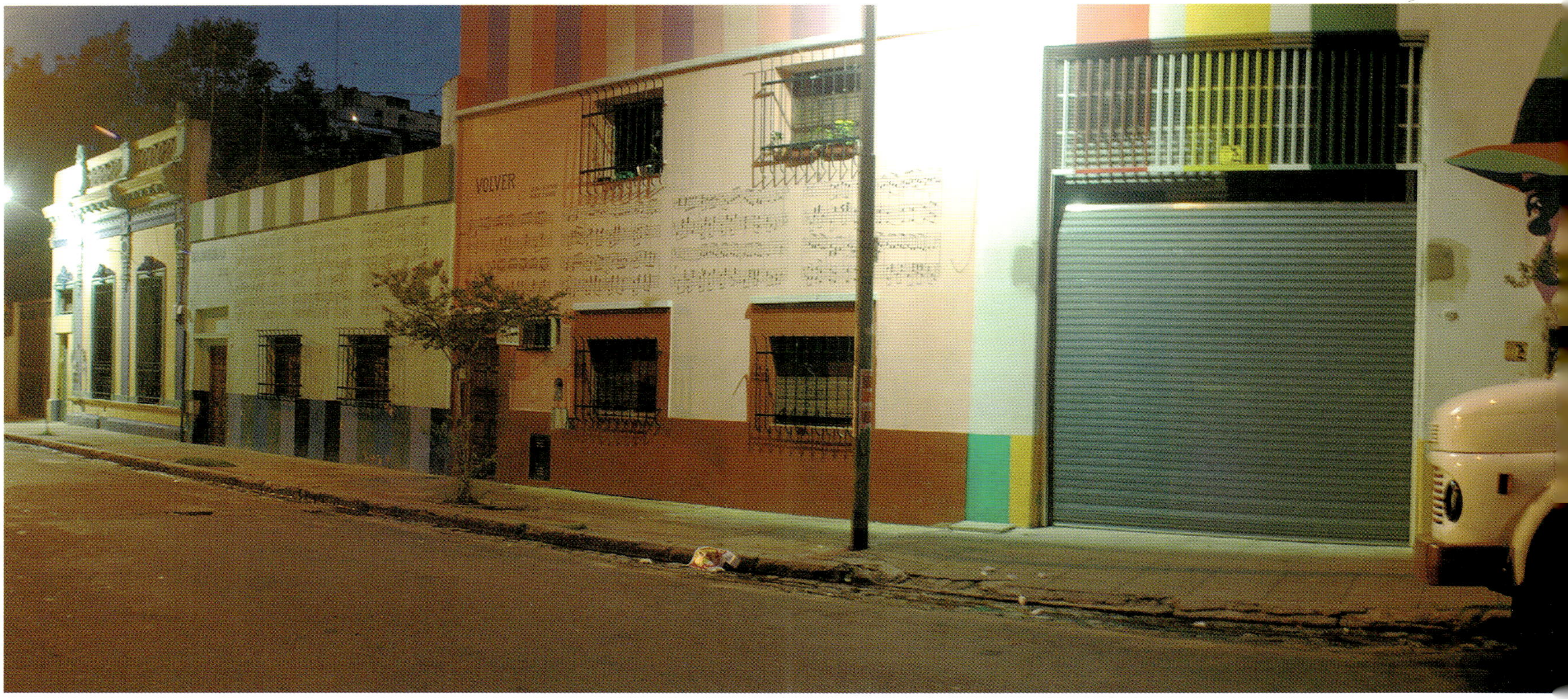
VOLVER

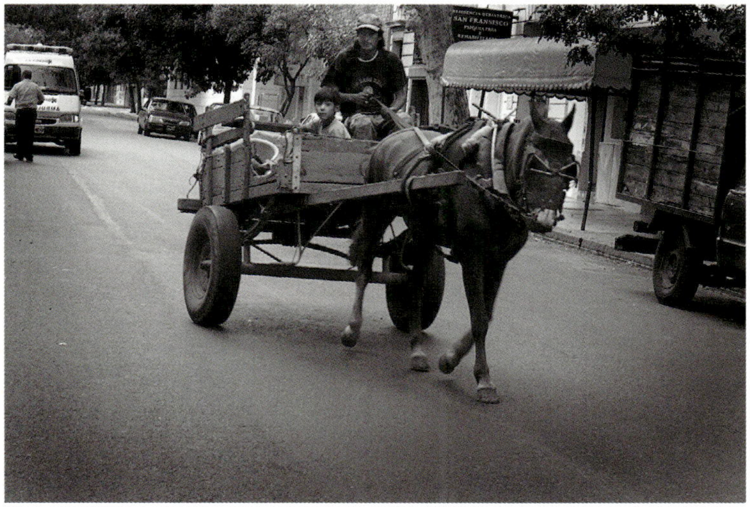
SAN FRANCISCO

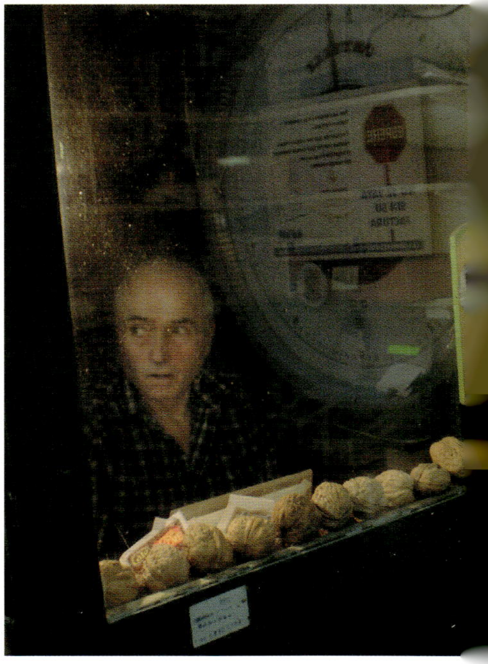

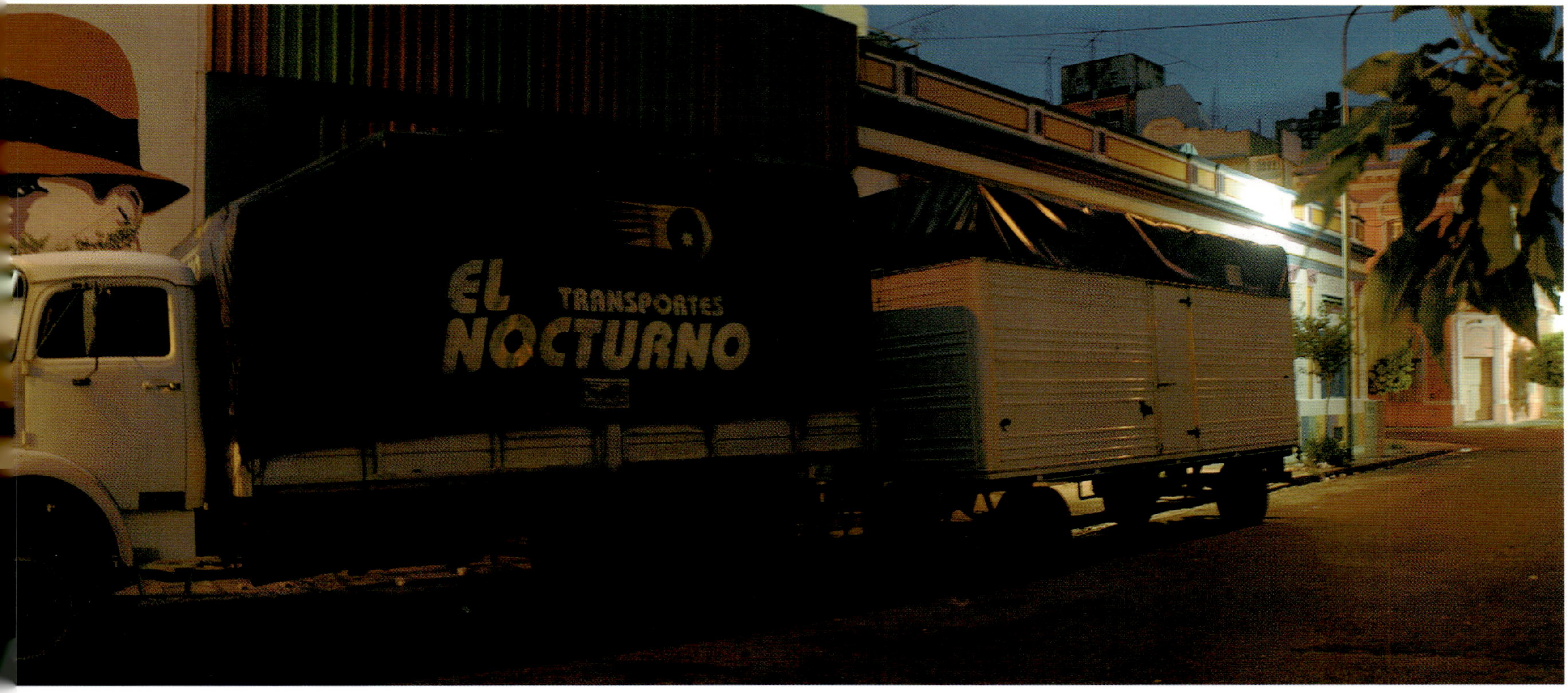
EL NOCTURNO
TRANSPORTES

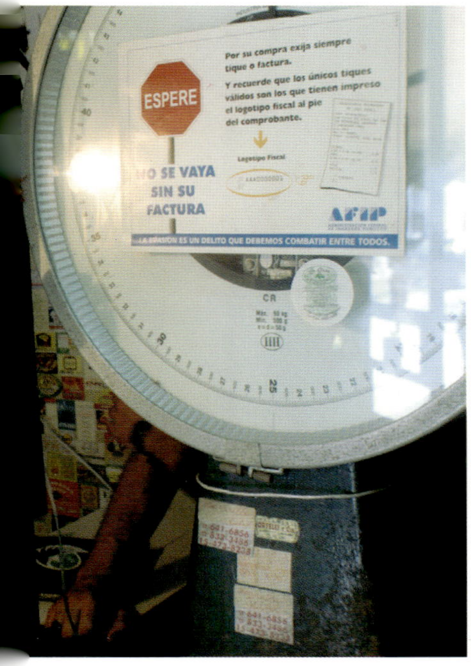
ESPERE
Por su compra exija siempre tique o factura.
Y recuerde que los únicos tiques válidos son los que tienen impreso el logotipo fiscal al pie del comprobante.
Logotipo Fiscal
SE VAYA SIN SU FACTURA
AFIP
ES UN DELITO QUE DEBEMOS COMBATIR ENTRE TODOS.
CR

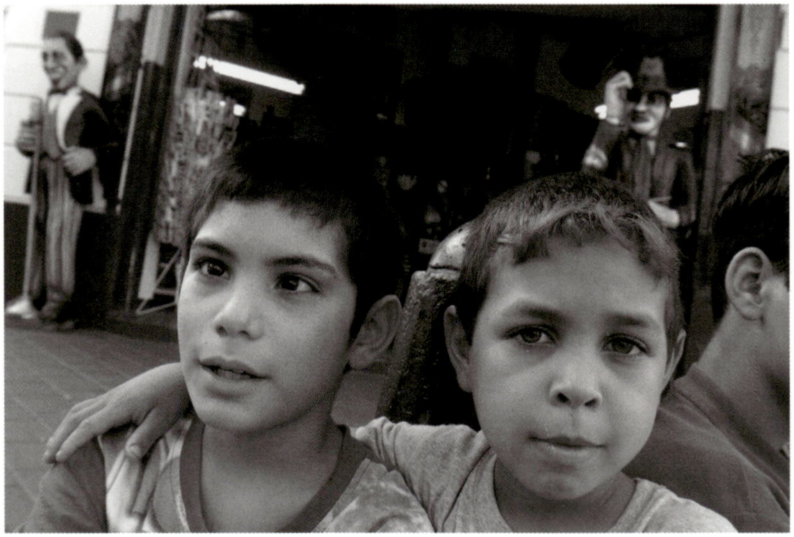

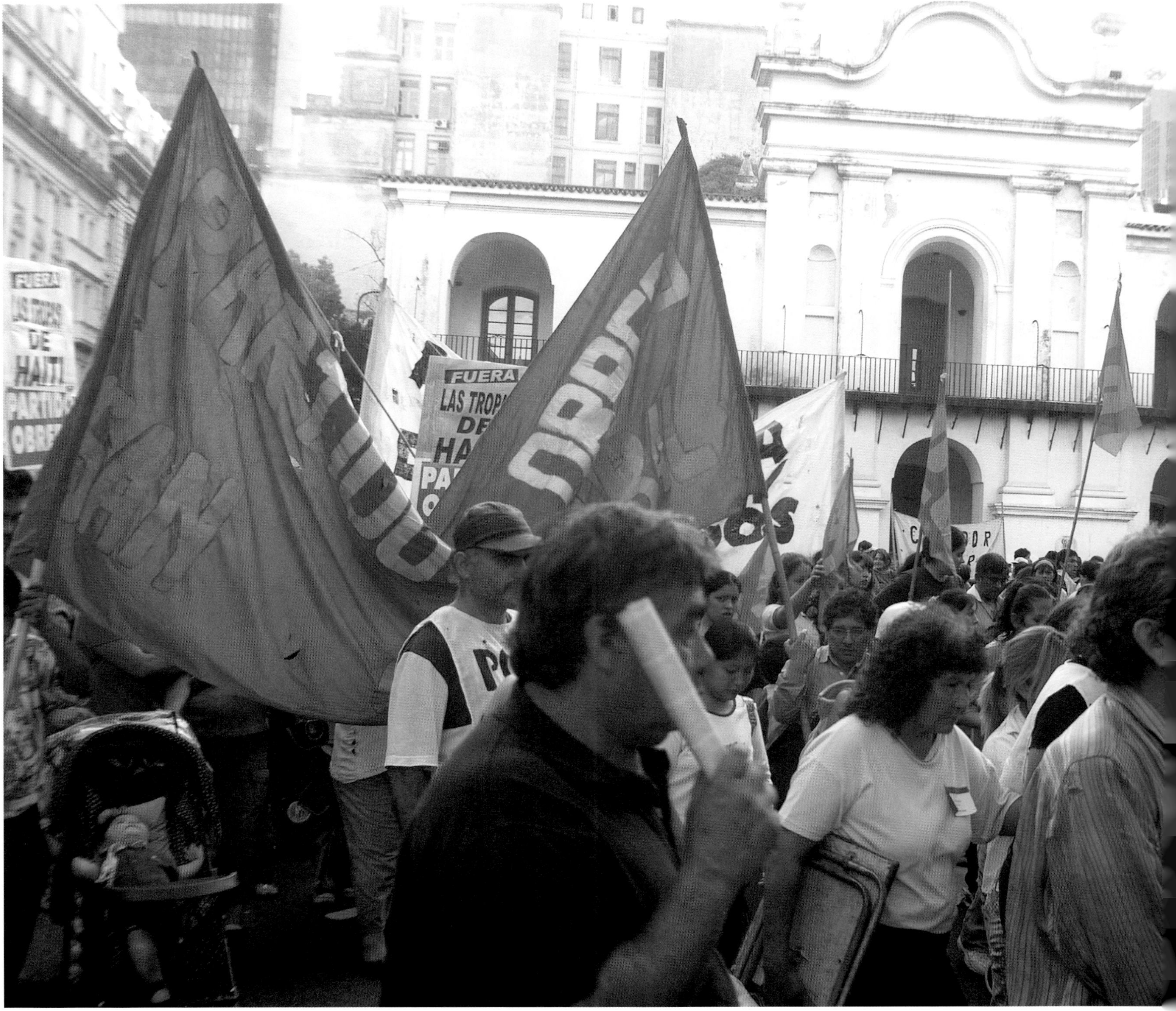
FUERA
LAS TROPAS
DE
HAITI
PARTIDO
OBRERO
FUERA

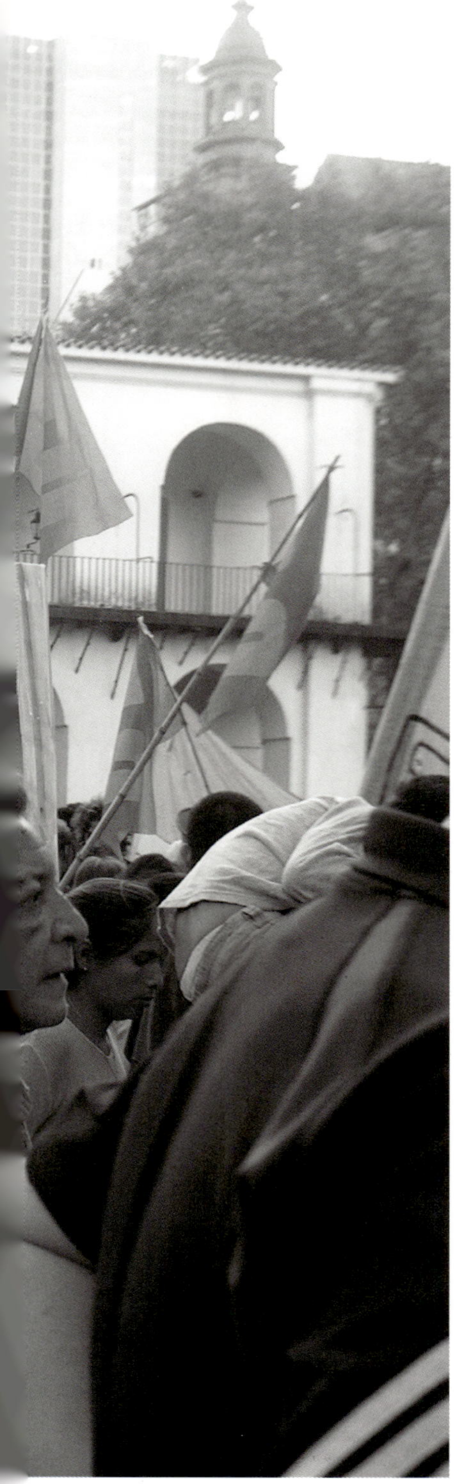

Cabildo de la Ciudad,
6:00 p.m.

Yo no hago a Buenos Aires más que un reproche,
y es el haberme hecho descuidar a la Argentina.

Paul Morand.
Escritor, diplomático, viajero francés.

I make only on reproach about Buenos
Aires: that of having neglected Argentina.

Paul Morand.
French writer, diplomat and traveller.

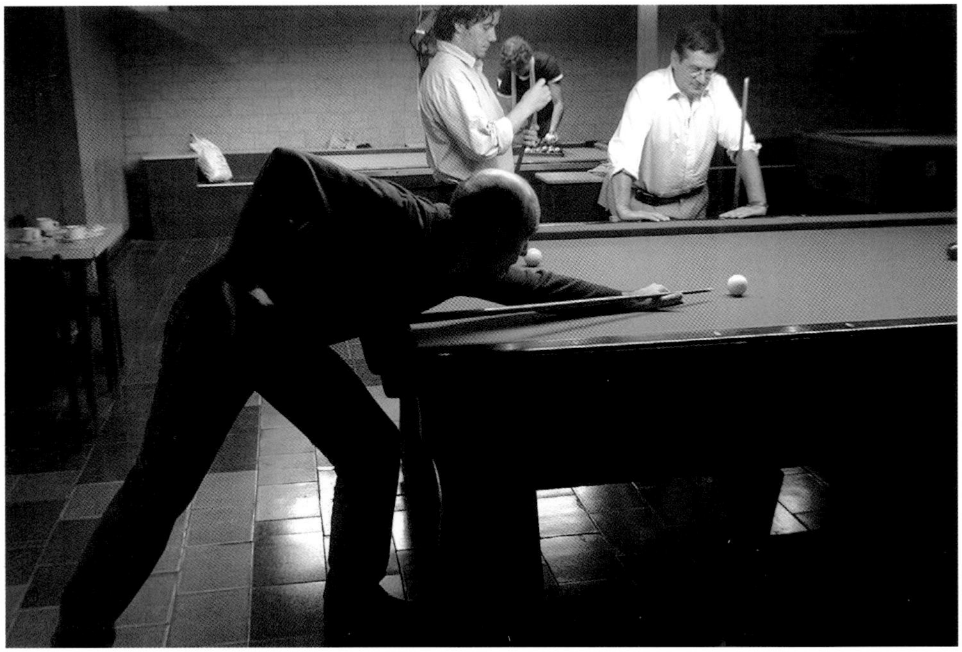

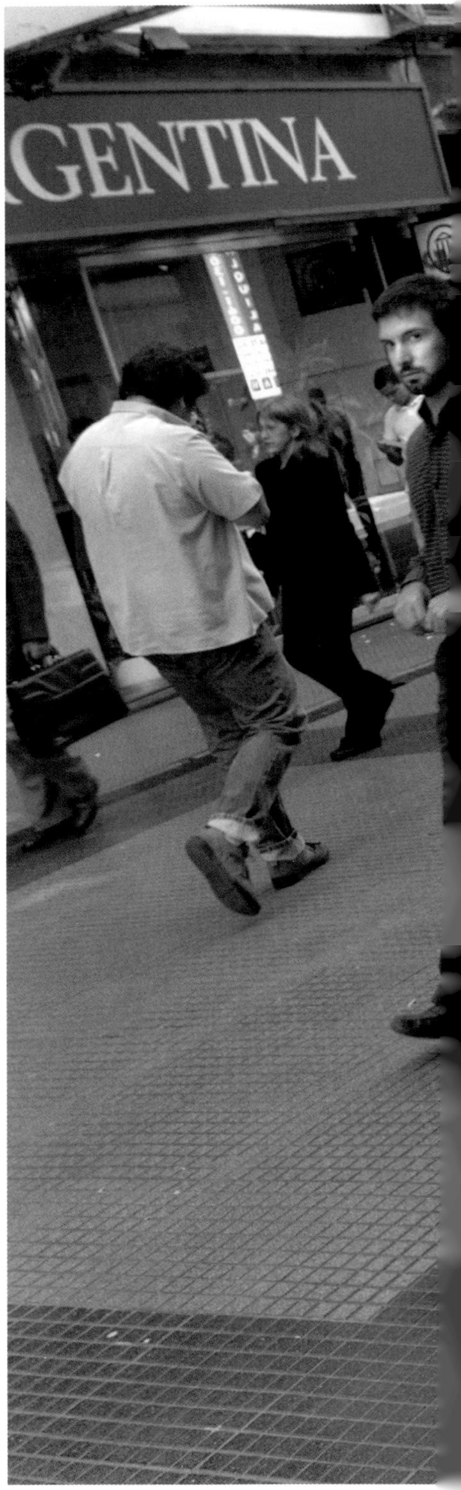
GENTINA

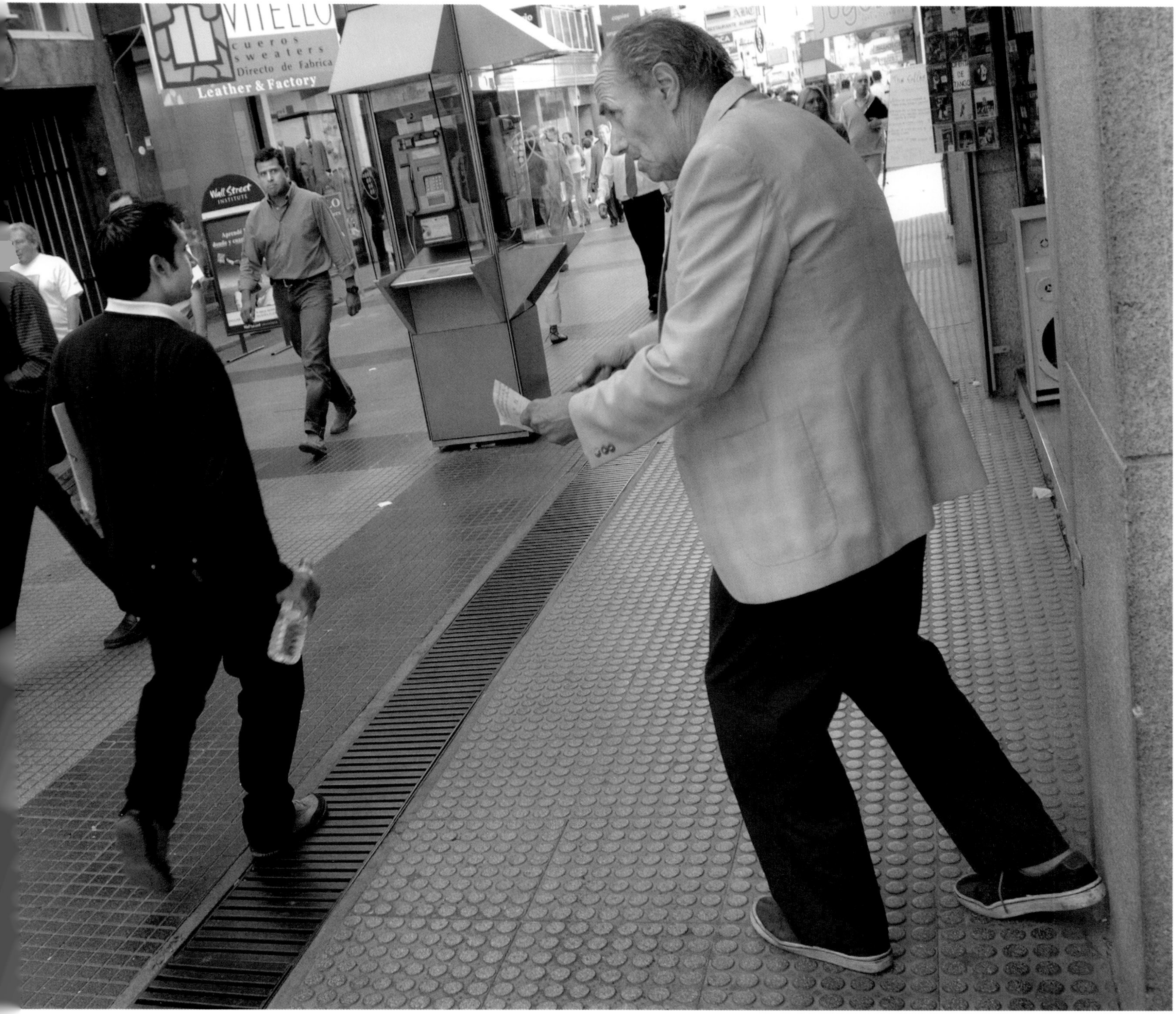
cueros
sweaters
Directo de Fabrica
Leather & Factory
Wall Street
INSTITUTE

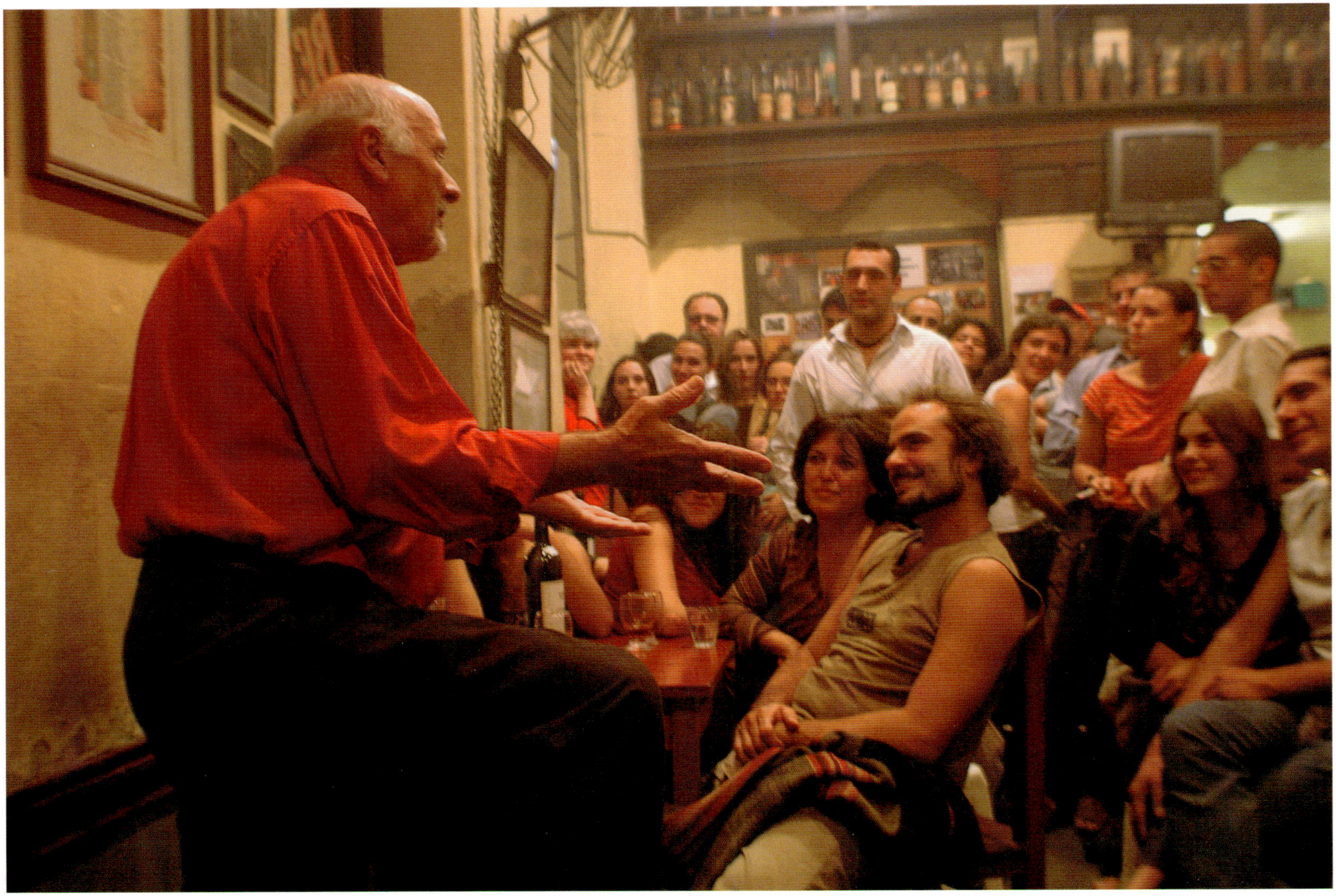

Mezquita Al-Ahmad, 2:30 p.m.

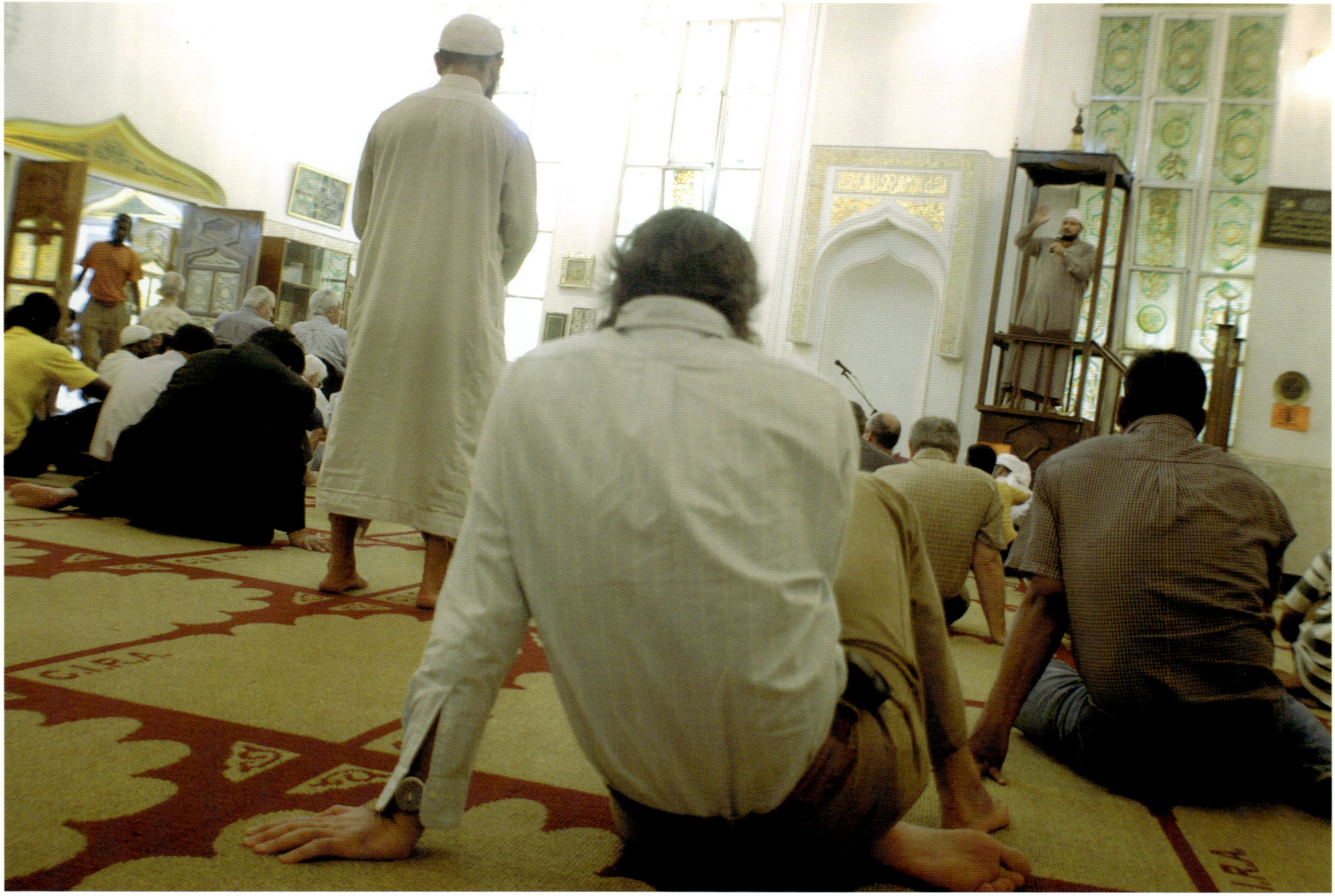

La Boca, 11:30 p.m.

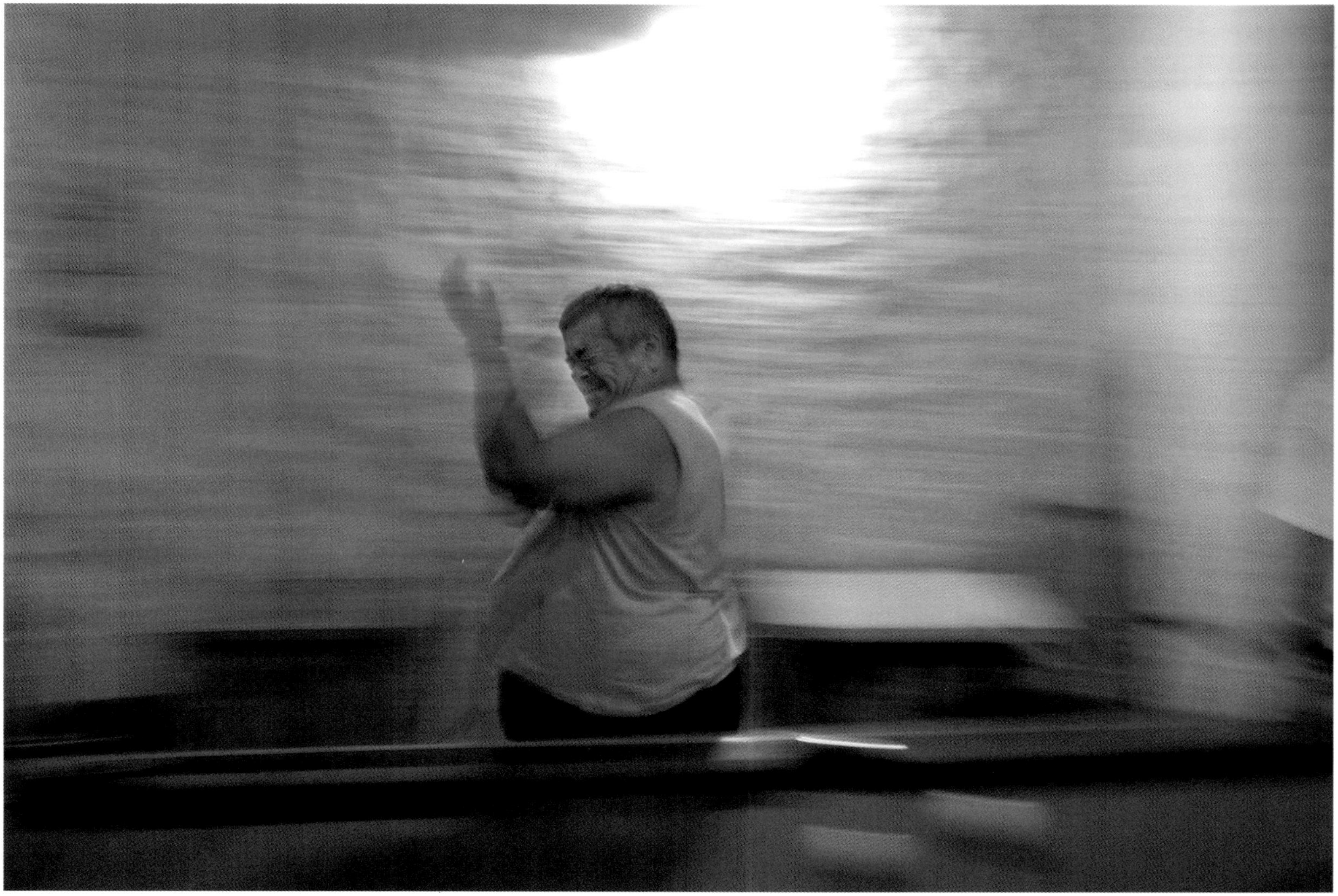

Recoleta, 10:45 a.m.

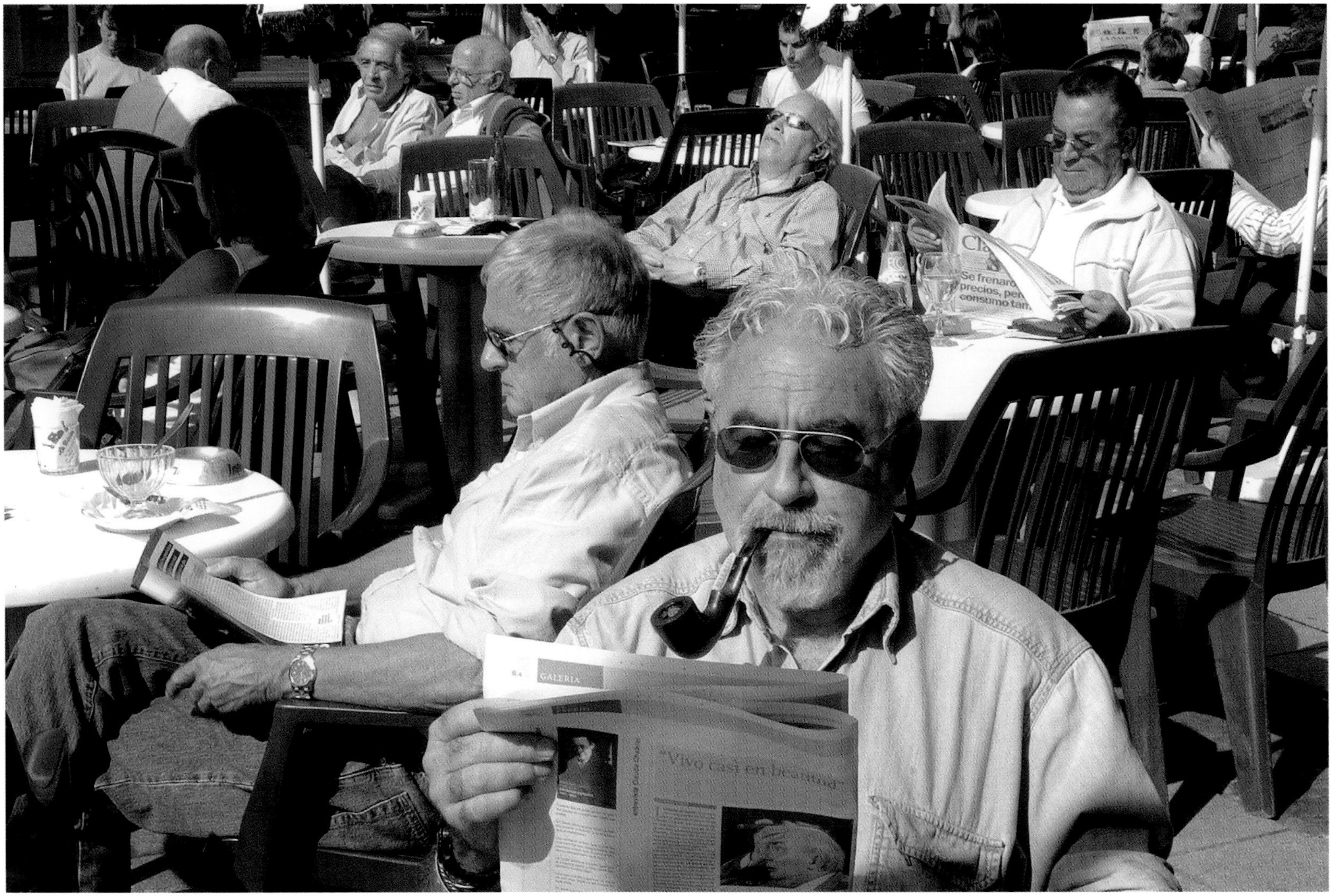

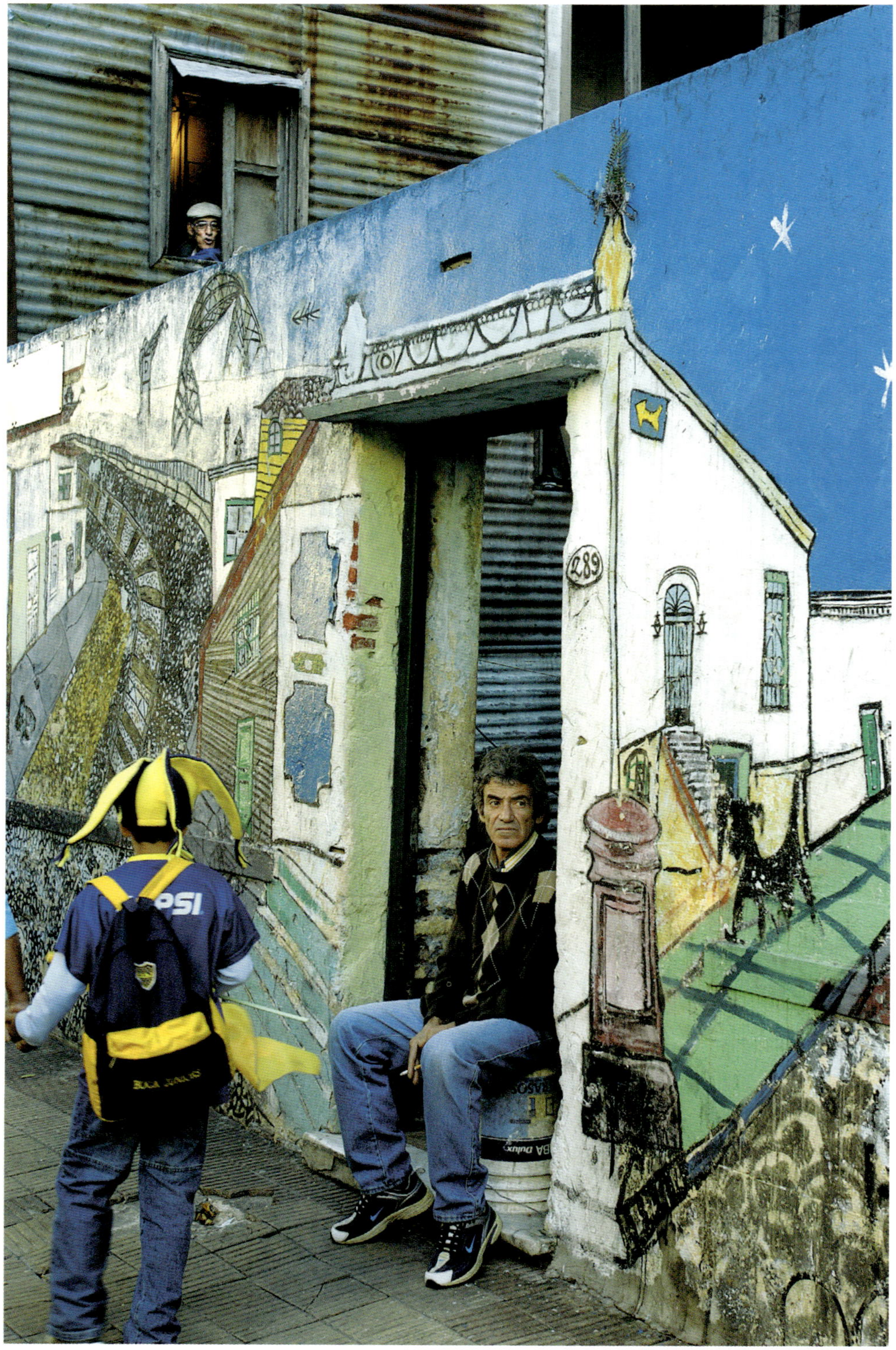
289
PSI

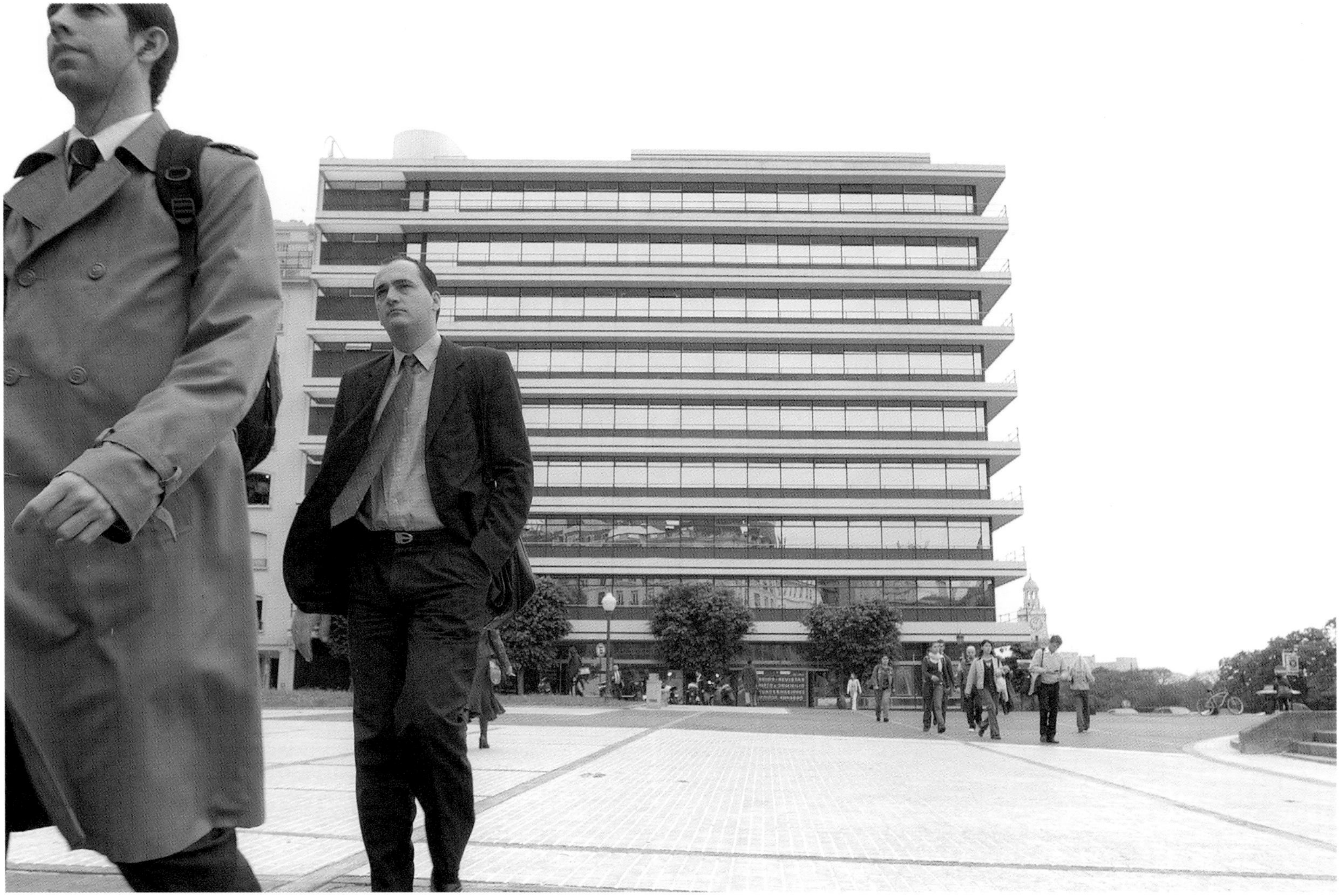

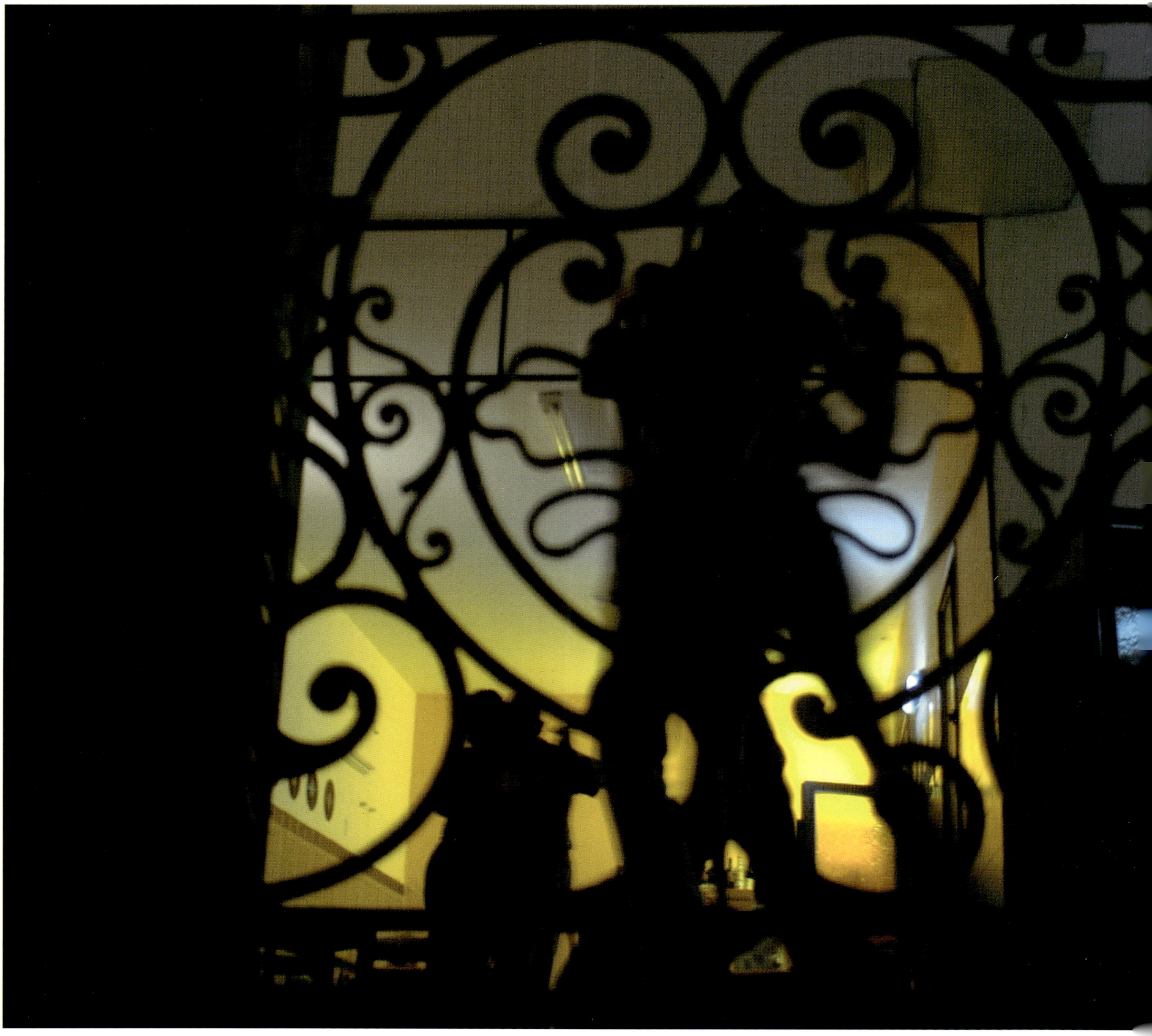

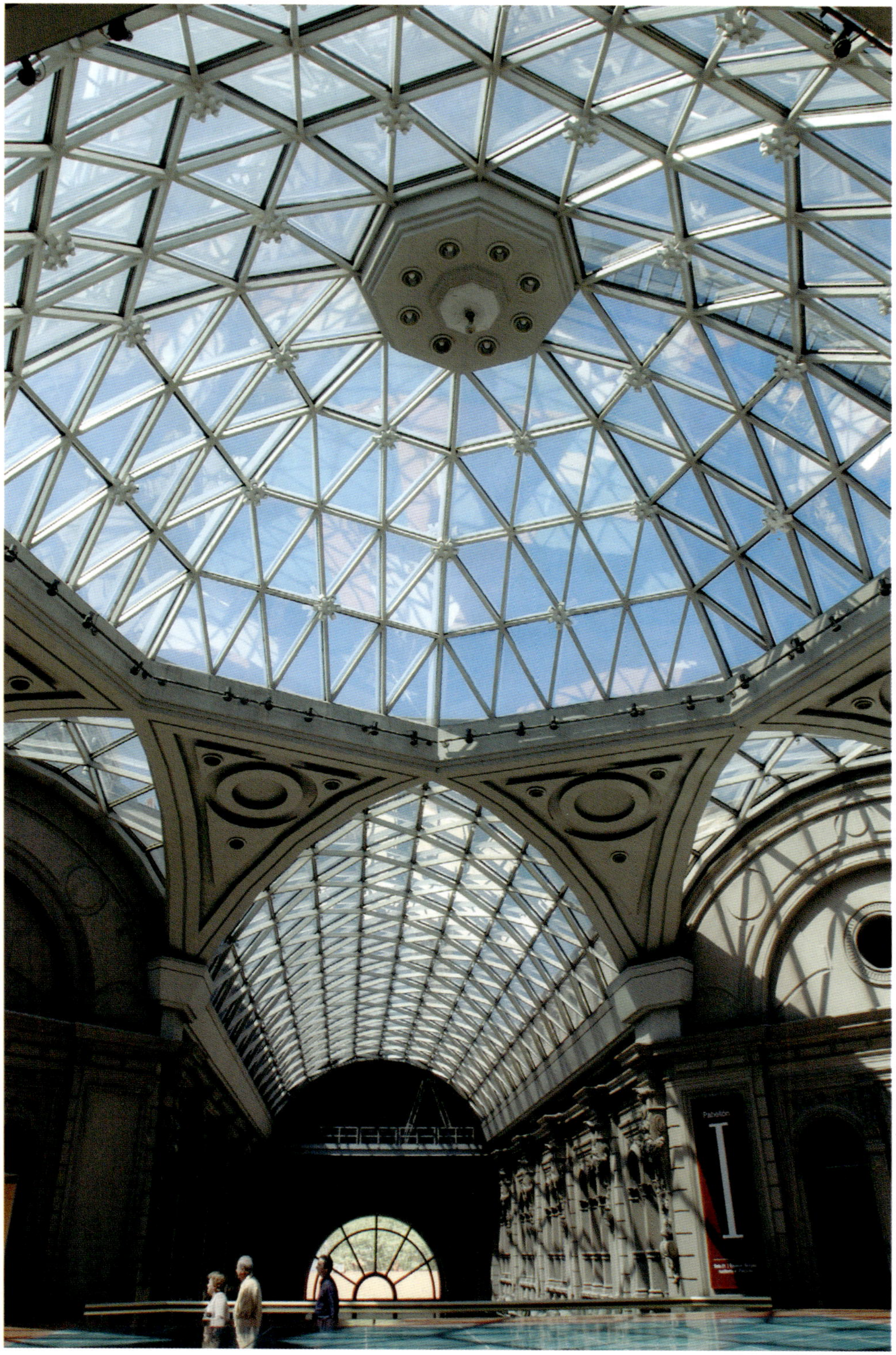
I

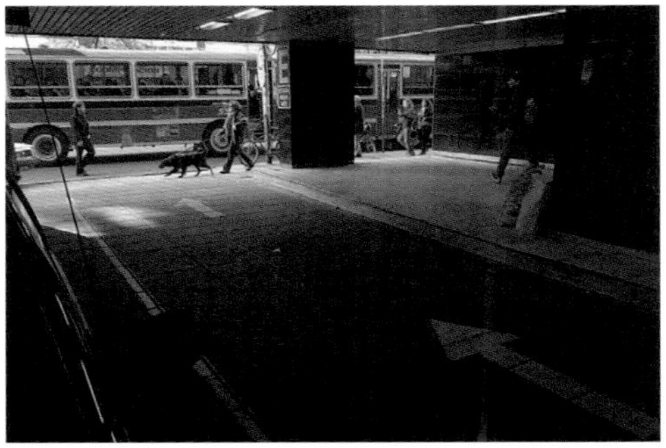

Casa Rosada, 6:15 p.m.

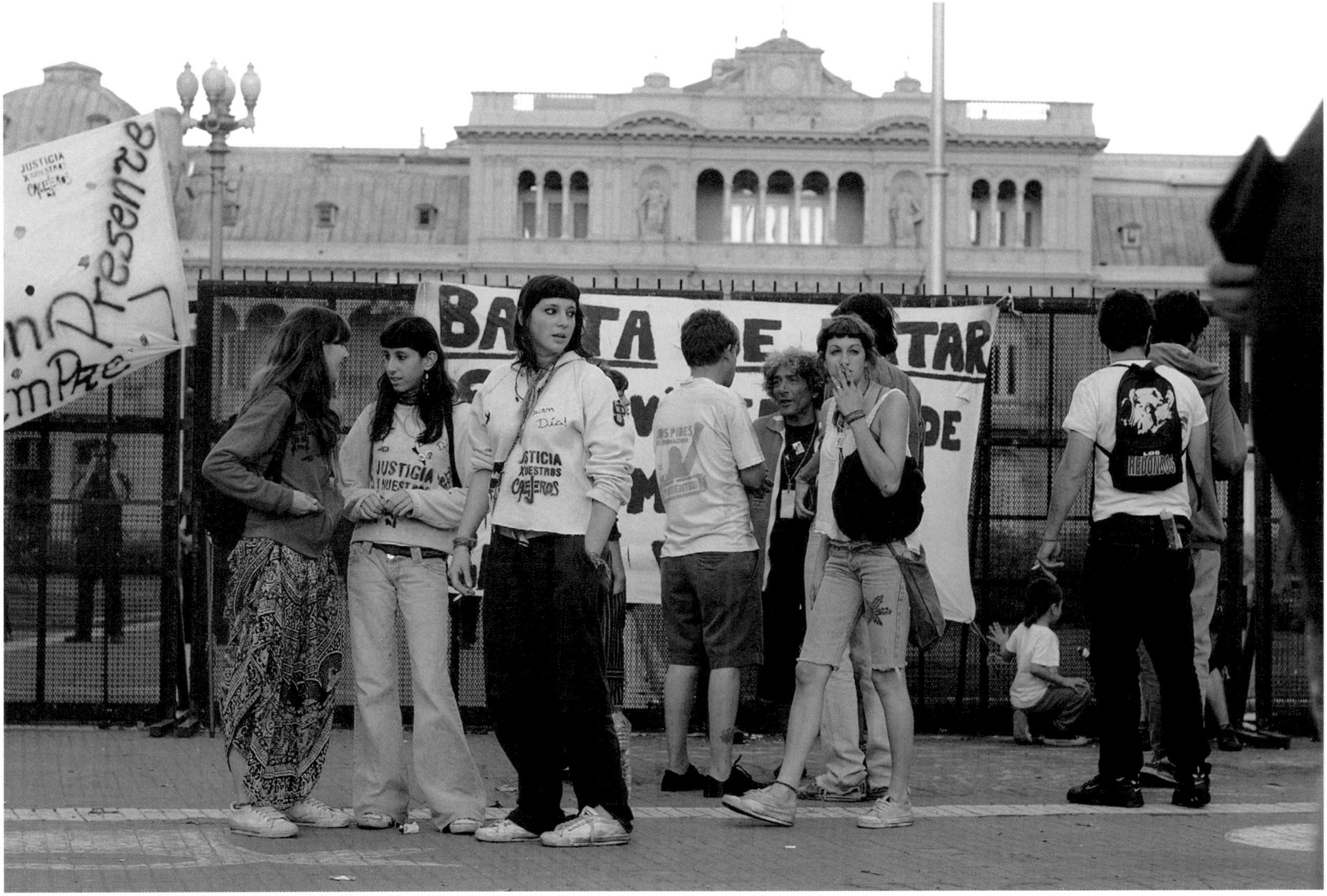

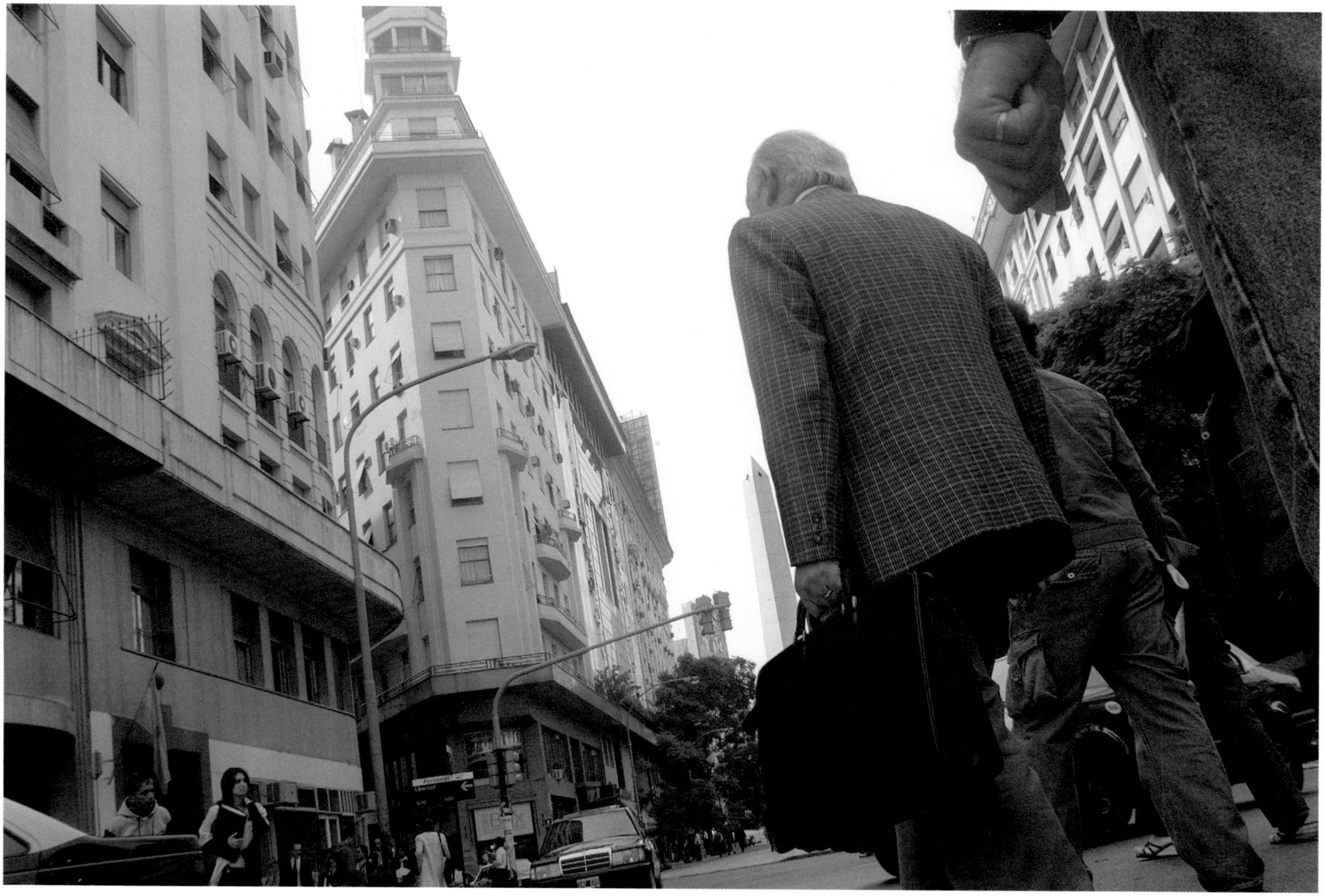

Plaza Lavalle, 9:45 a.m.

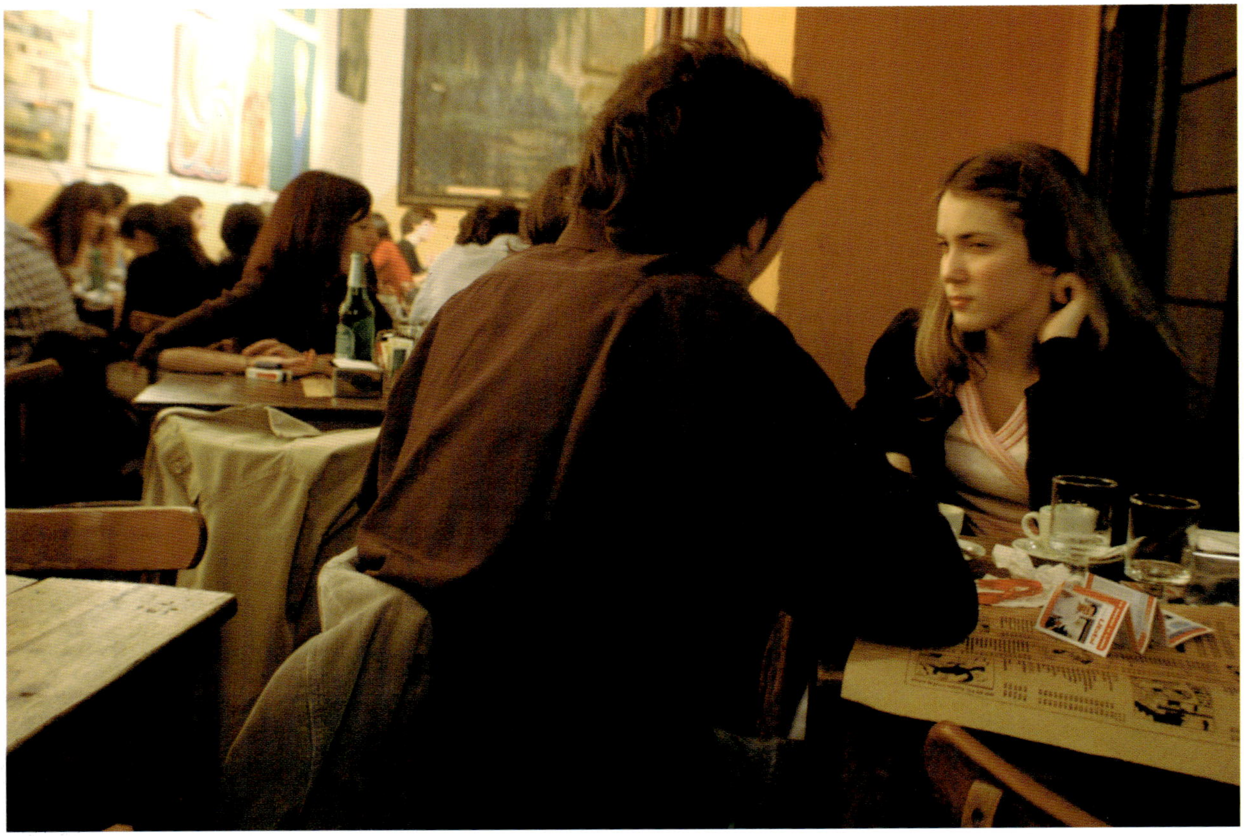

Plaza Cortazar, 12:45 a.m.

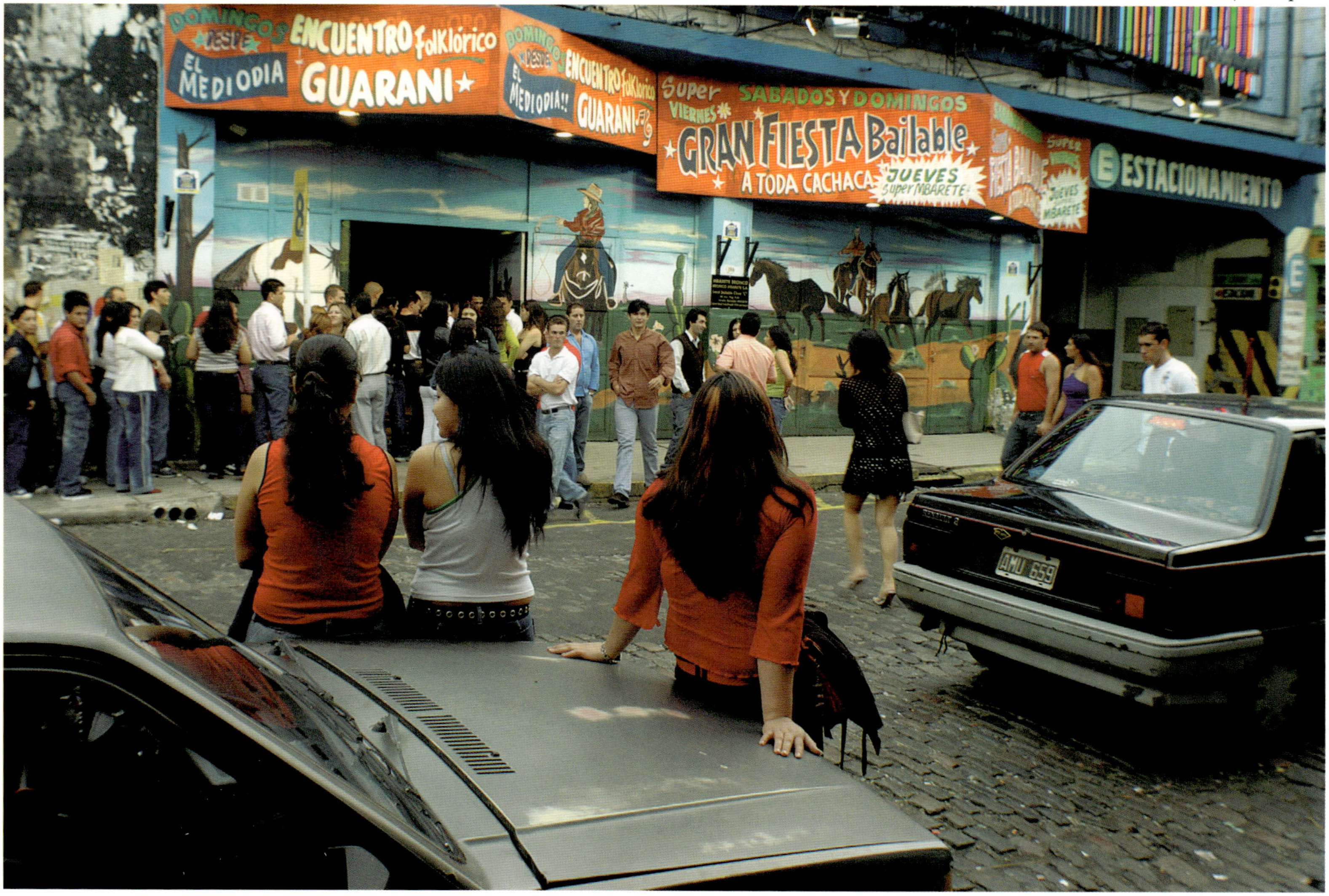
DOMINGOS DESDE EL MEDIODIA
ENCUENTRO Folklórico
GUARANI
Super VIERNES
SABADOS Y DOMINGOS
GRAN FIESTA Bailable
A TODA CACHACA
JUEVES Super MBARETE
ESTACIONAMIENTO

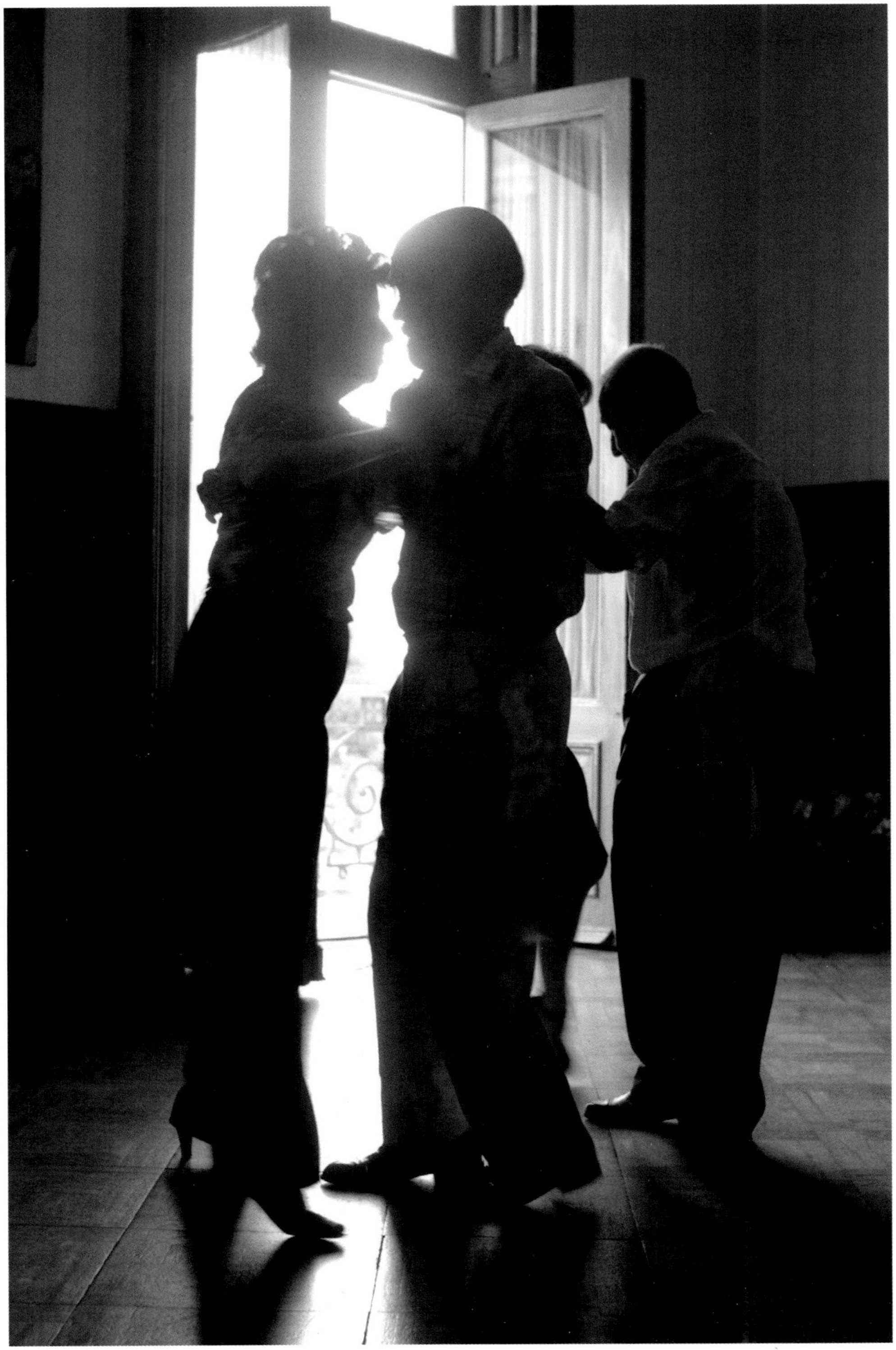

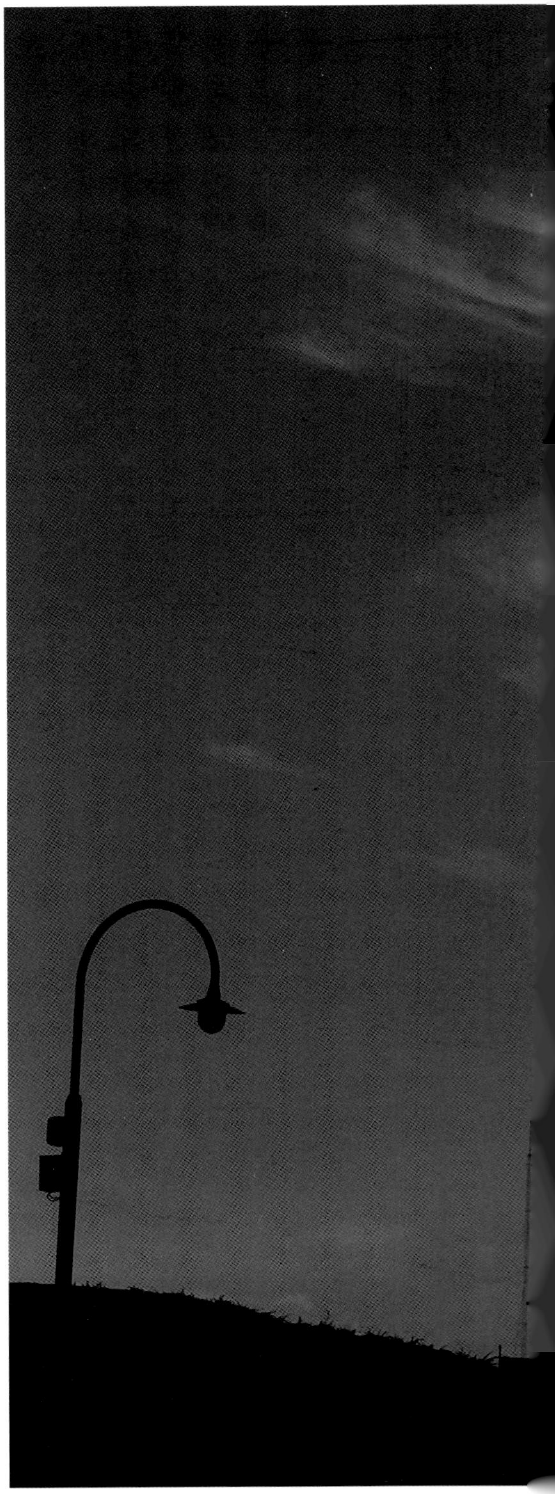

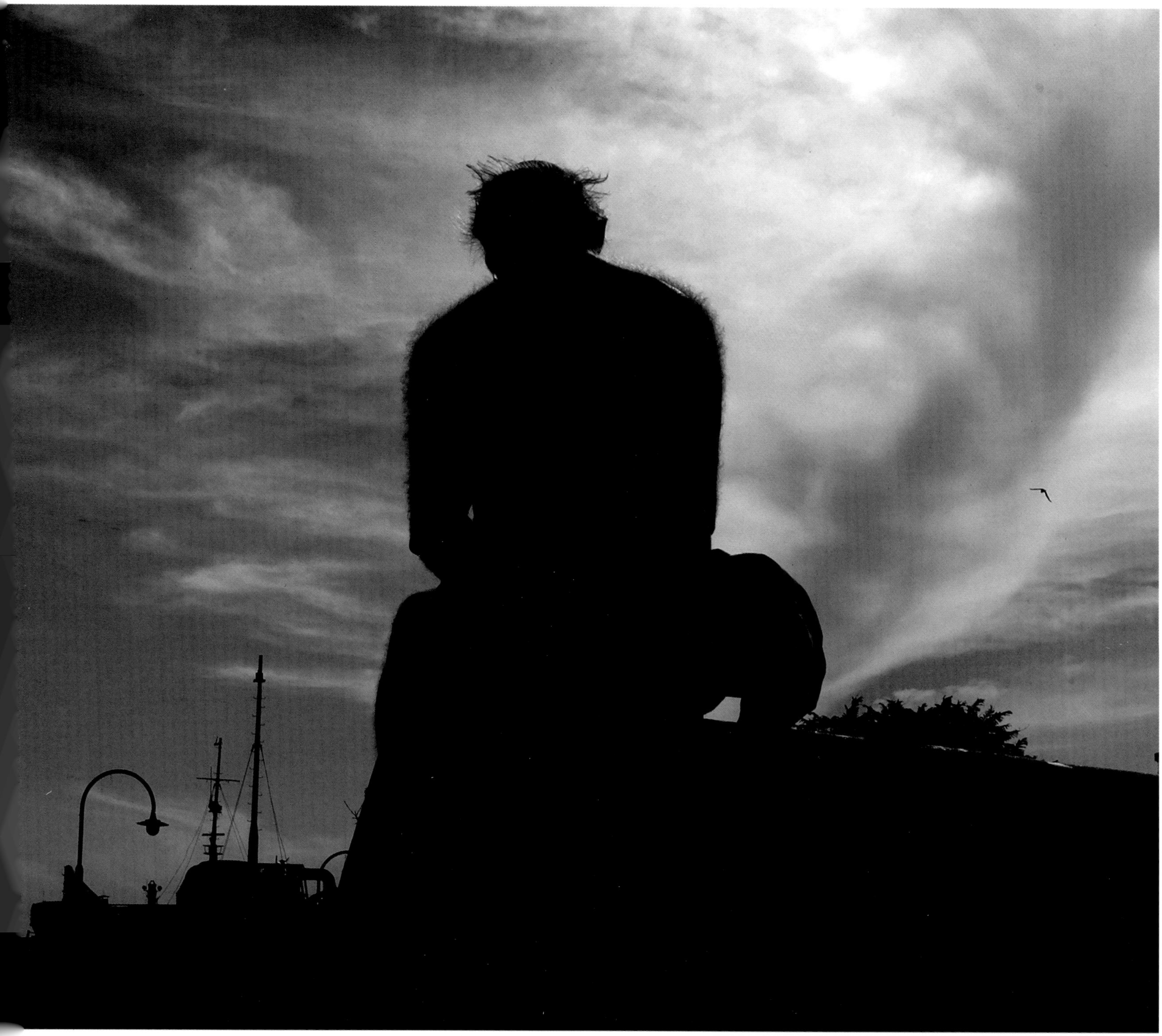

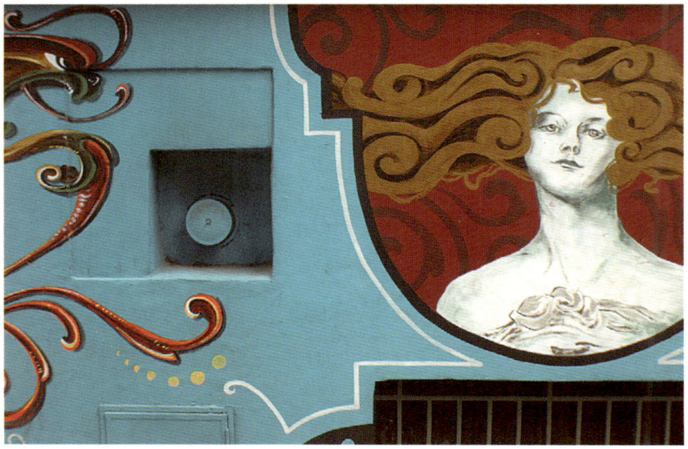

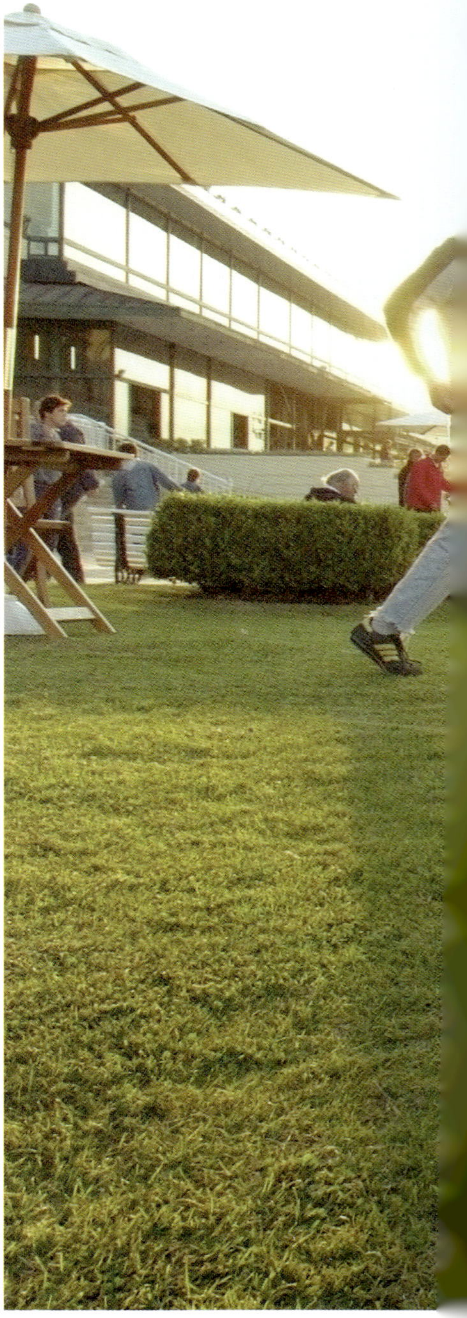

"En la calle la buena gente derrocha
sus guarangos decires más lisonjeros
porque al compás de un tango, que
es La Morocha,
lucen ágiles cortes dos orilleros."

Misas herejes.
Evaristo Carriego.

"On the streets the good folks waste
Their most flattering rude sayings
Because to the tune of a tango, which
is La Morocha,
Two from nearby show off their agile steps."

Heretic Masses.
Evaristo Carriego.

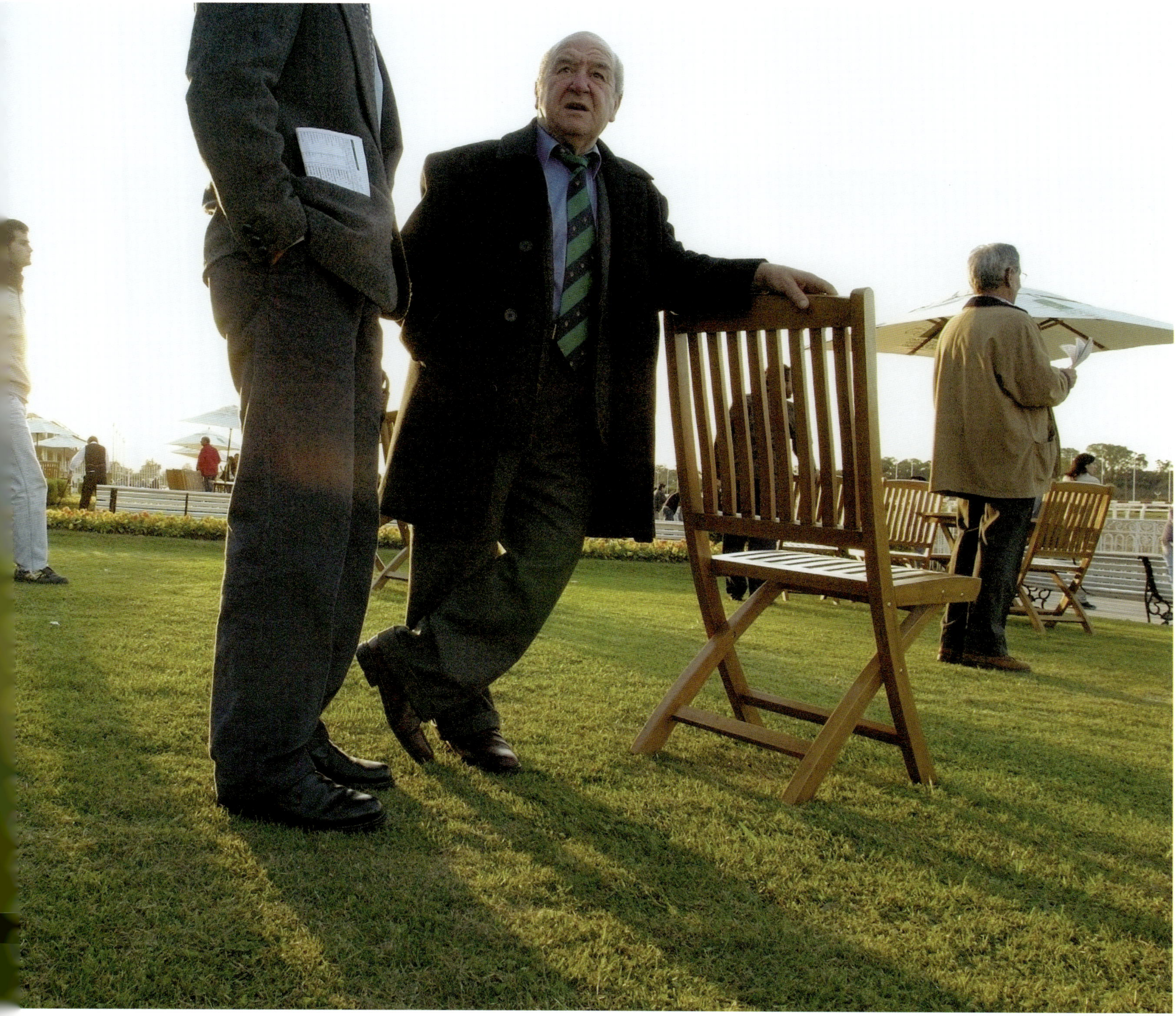

Barrio de Boedo, 1:30 a.m.

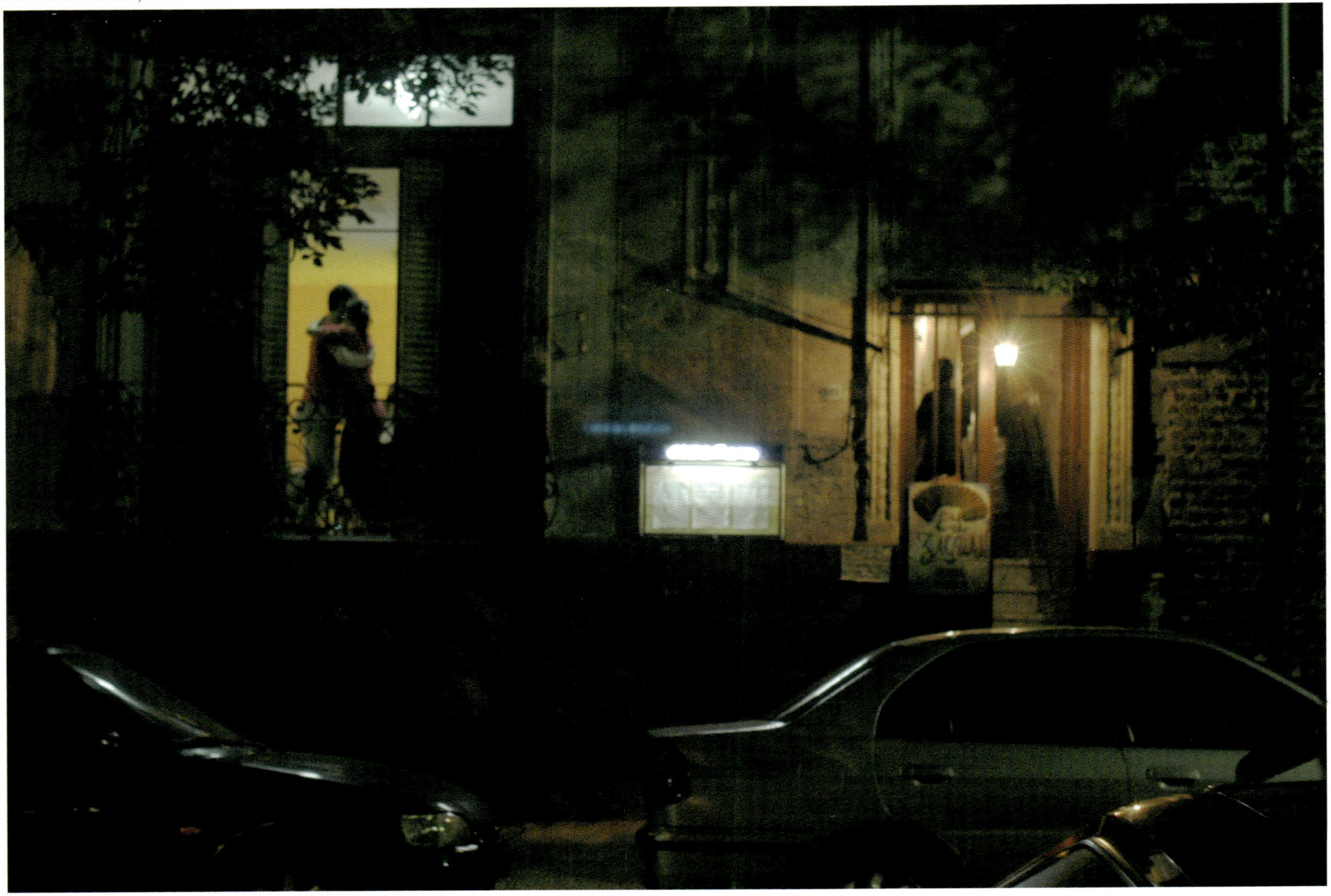

La Boca, 8:45 p.m.

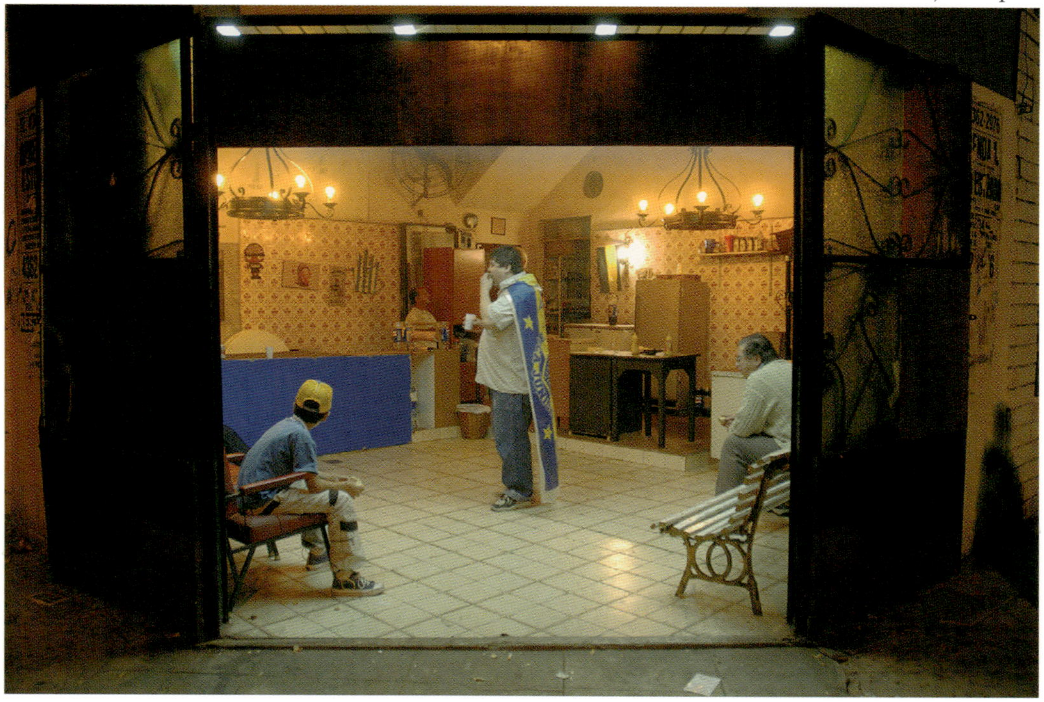

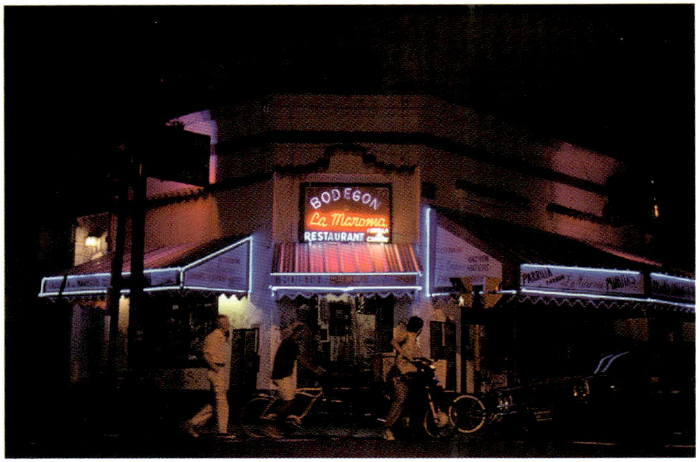
BODEGON
La Maroma
RESTAURANT
PARRILLA
La Maroma

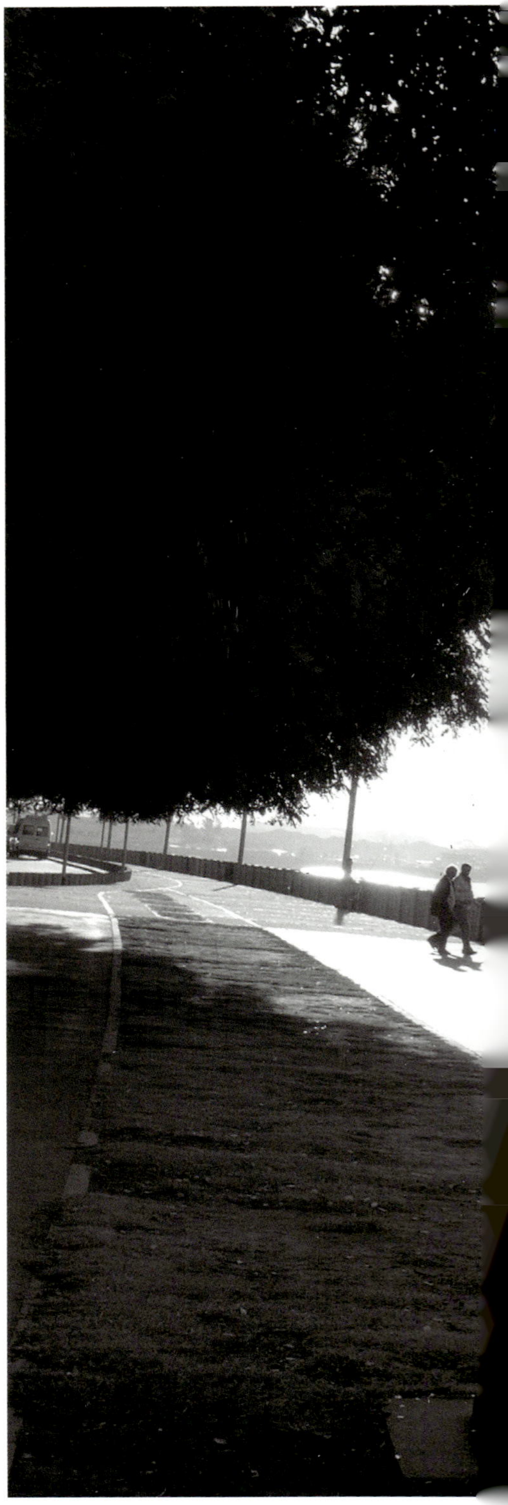

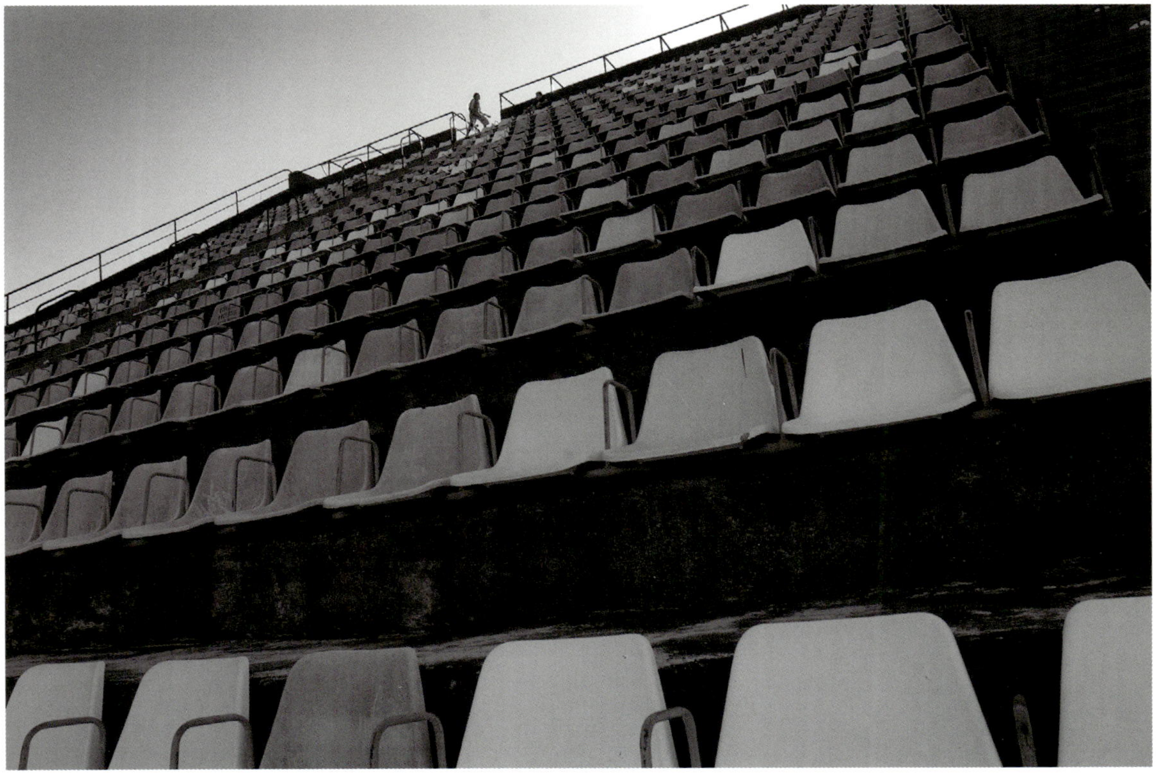

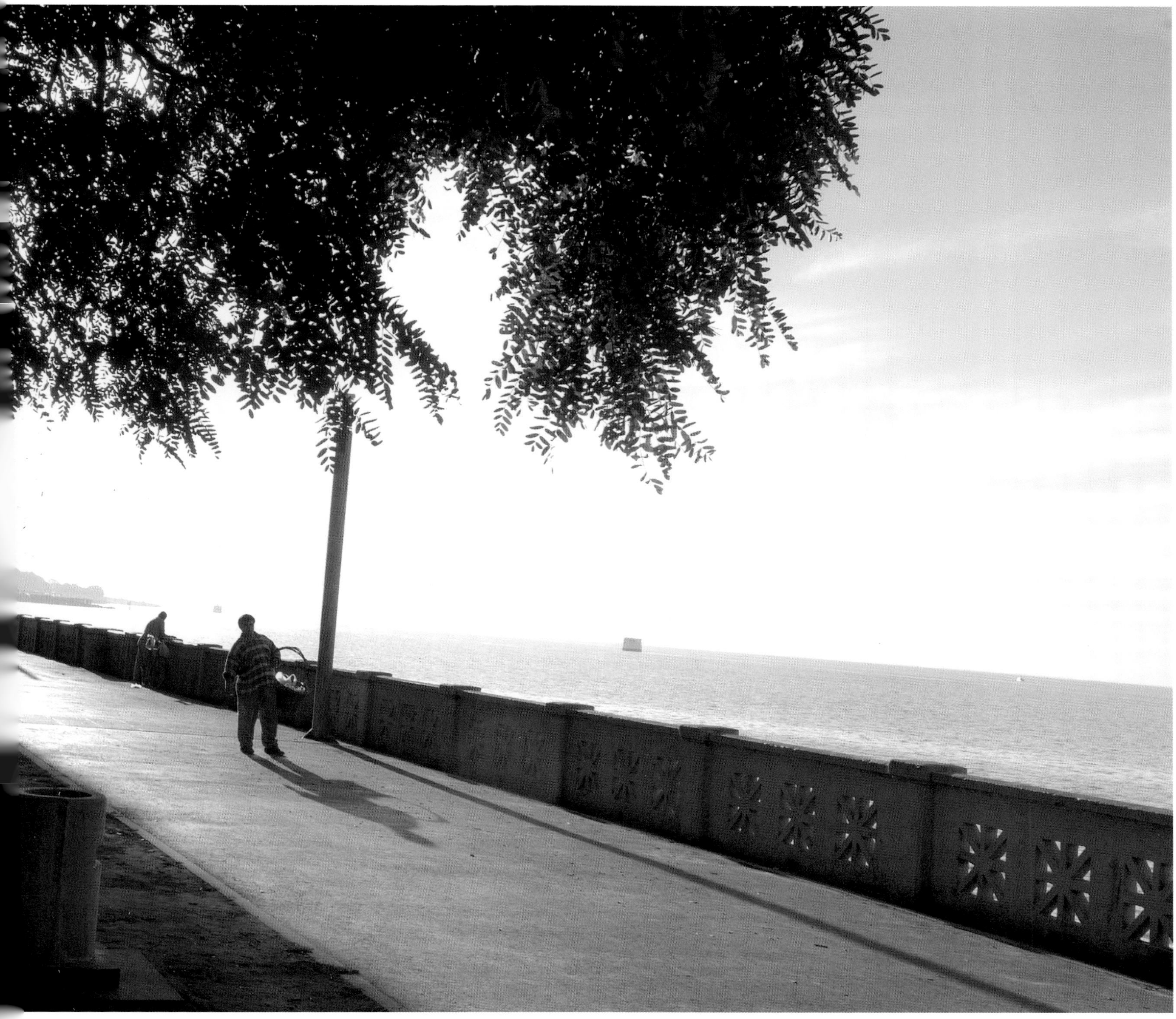

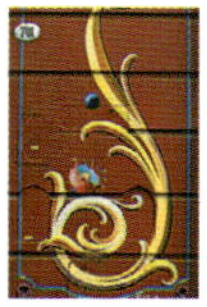

"Antes era una orgiástica diablura;
hoy es una manera de caminar"

Jorge Luis Borges.

Formerly it was an orgiastic prank;
today it is a way of walking.

Jorge Luis Borges.

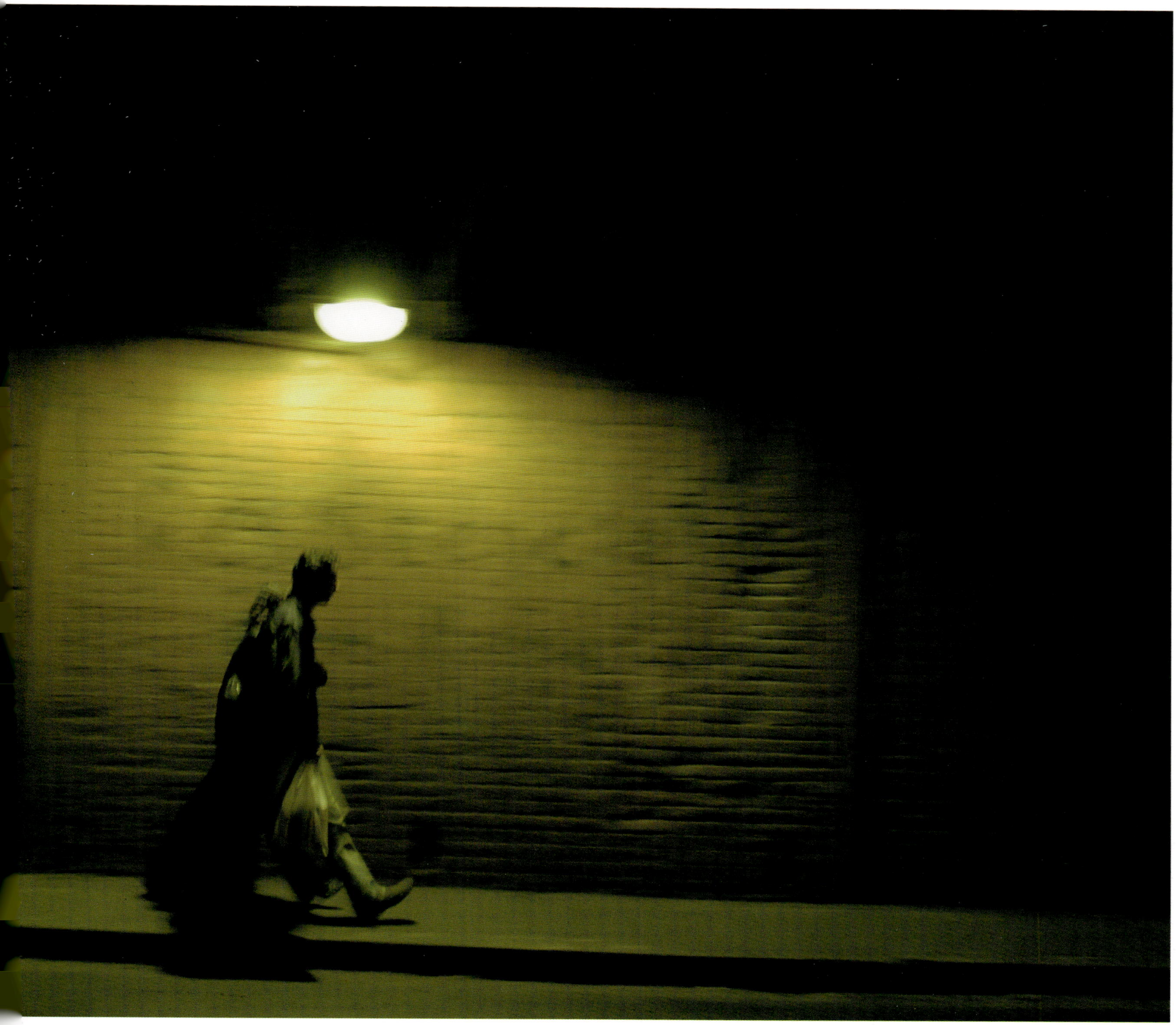

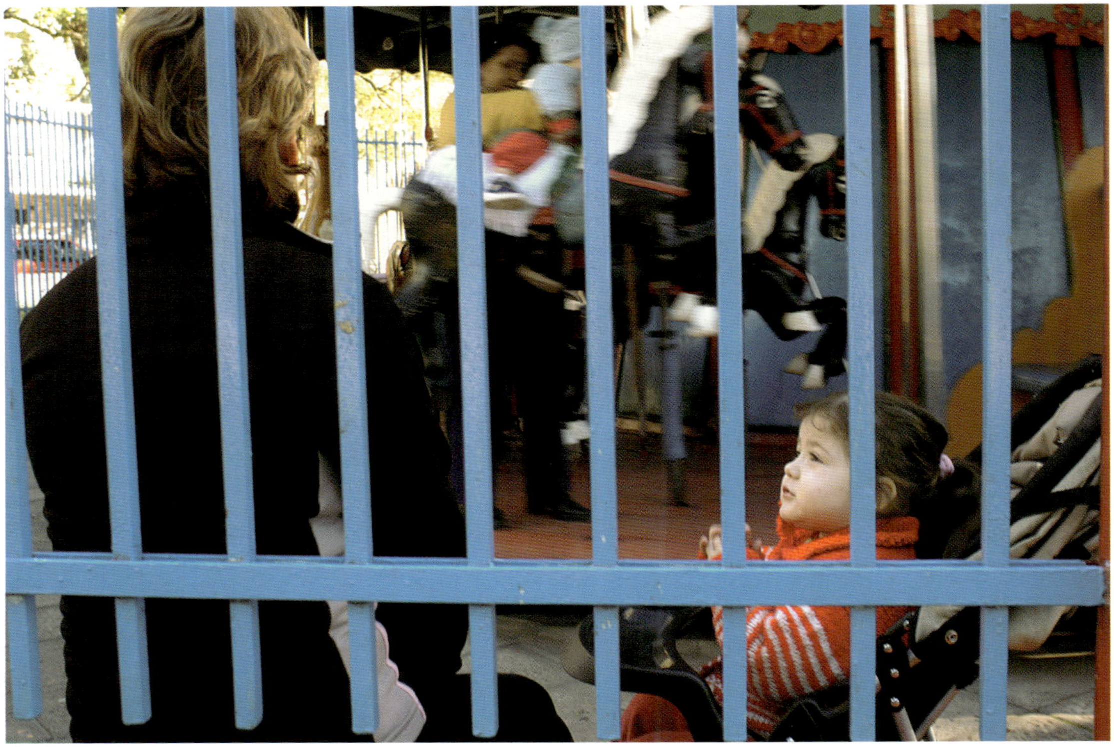

En un país donde se mezclan todas las sangres de la latinidad, no dejará de florecer el arte.

Georges Clemenceau.
Político radical francés.

In a country where all latin bloods mix, art will never stop flourishing.

Georges Cemenceau.
French radical politician.

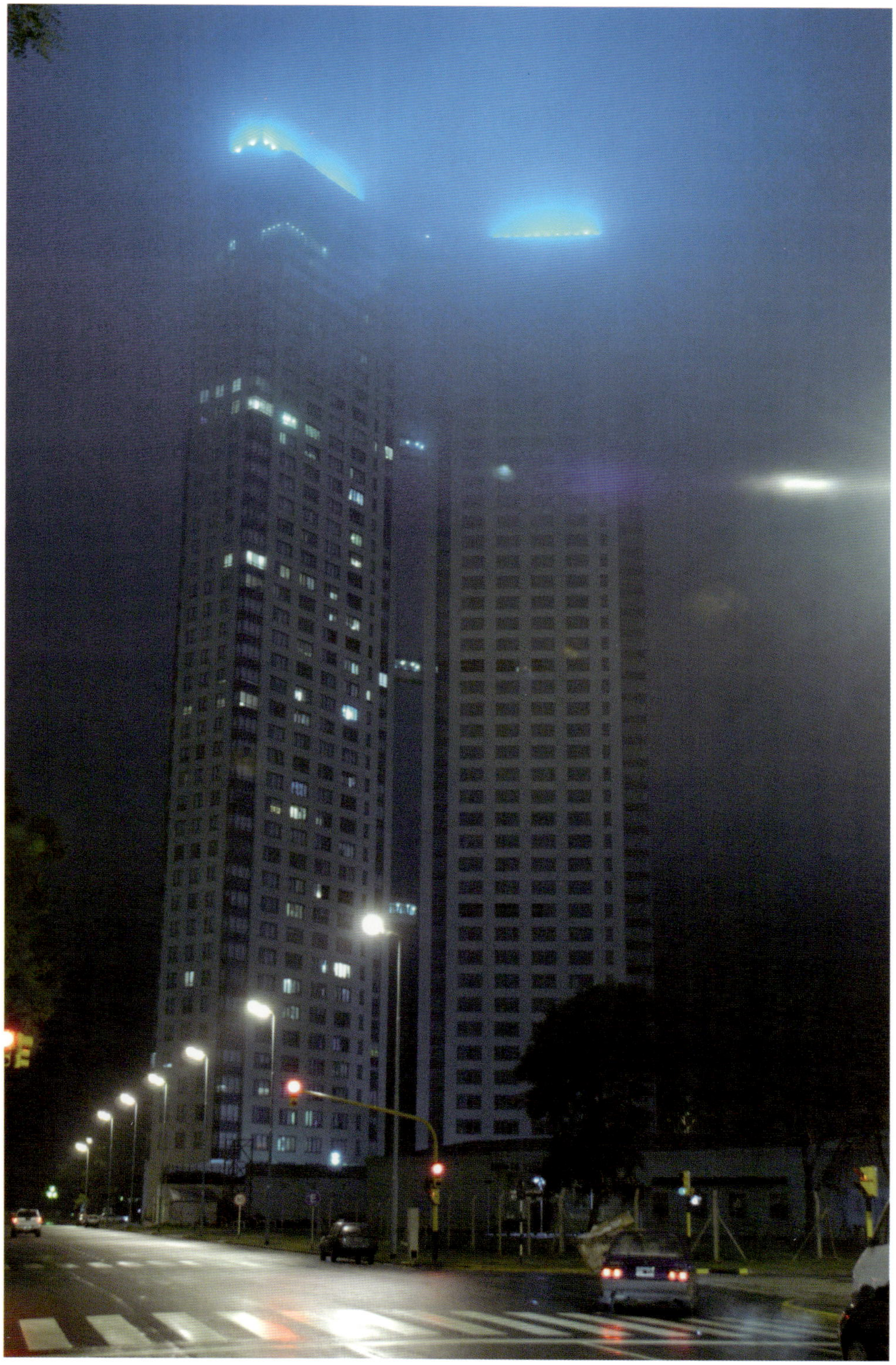

Teatro Astral, 11:00 p.m.

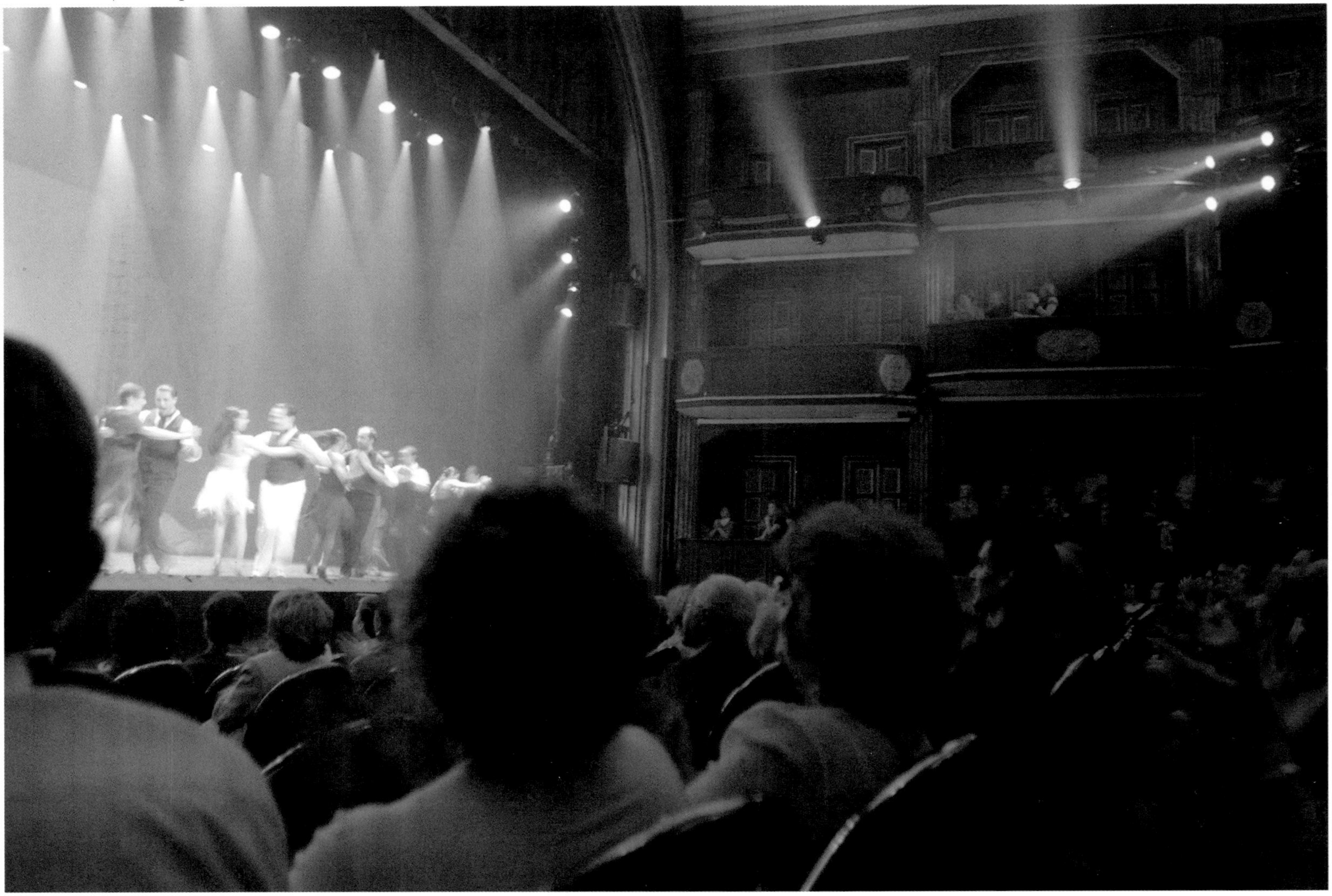

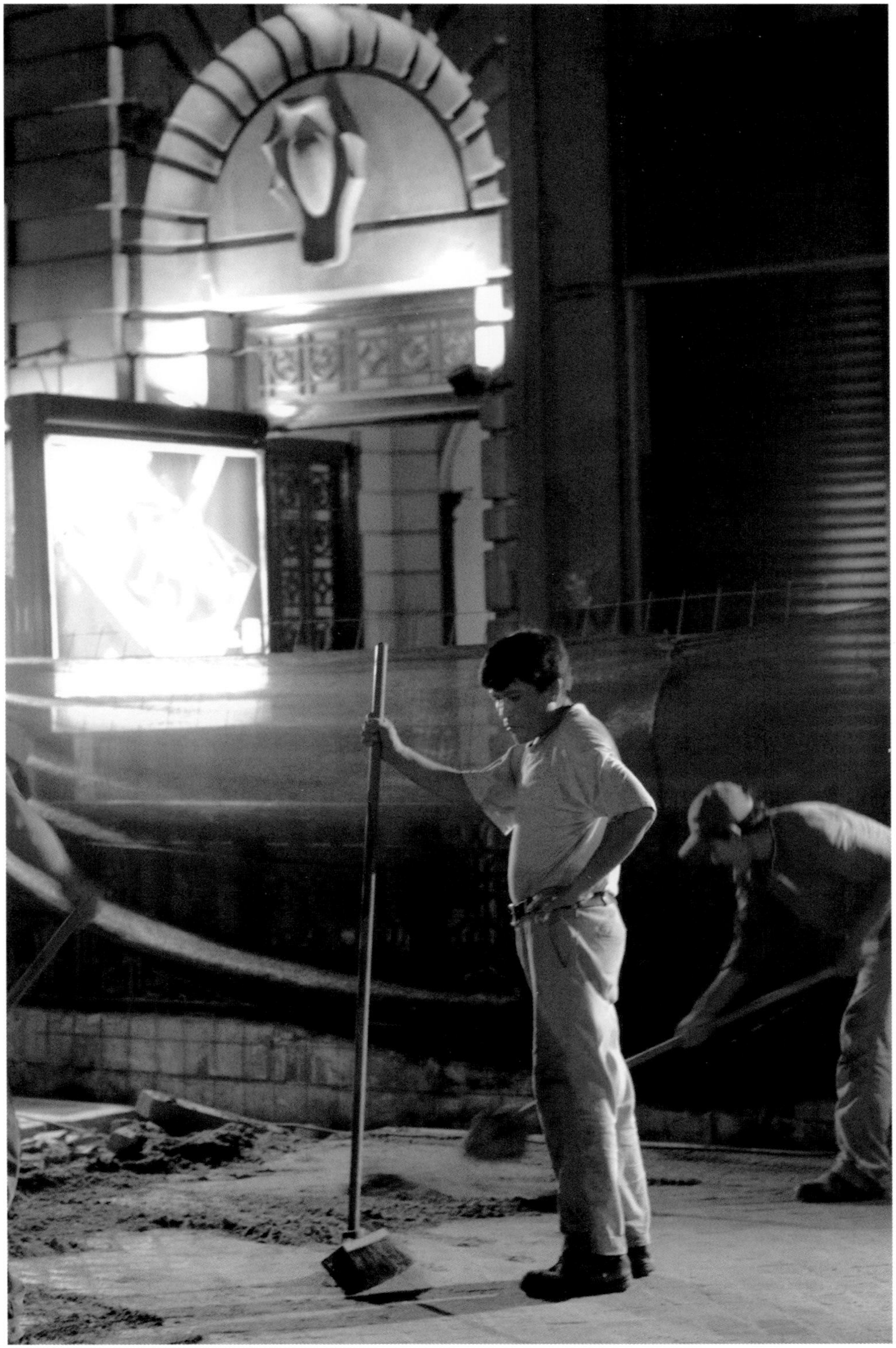

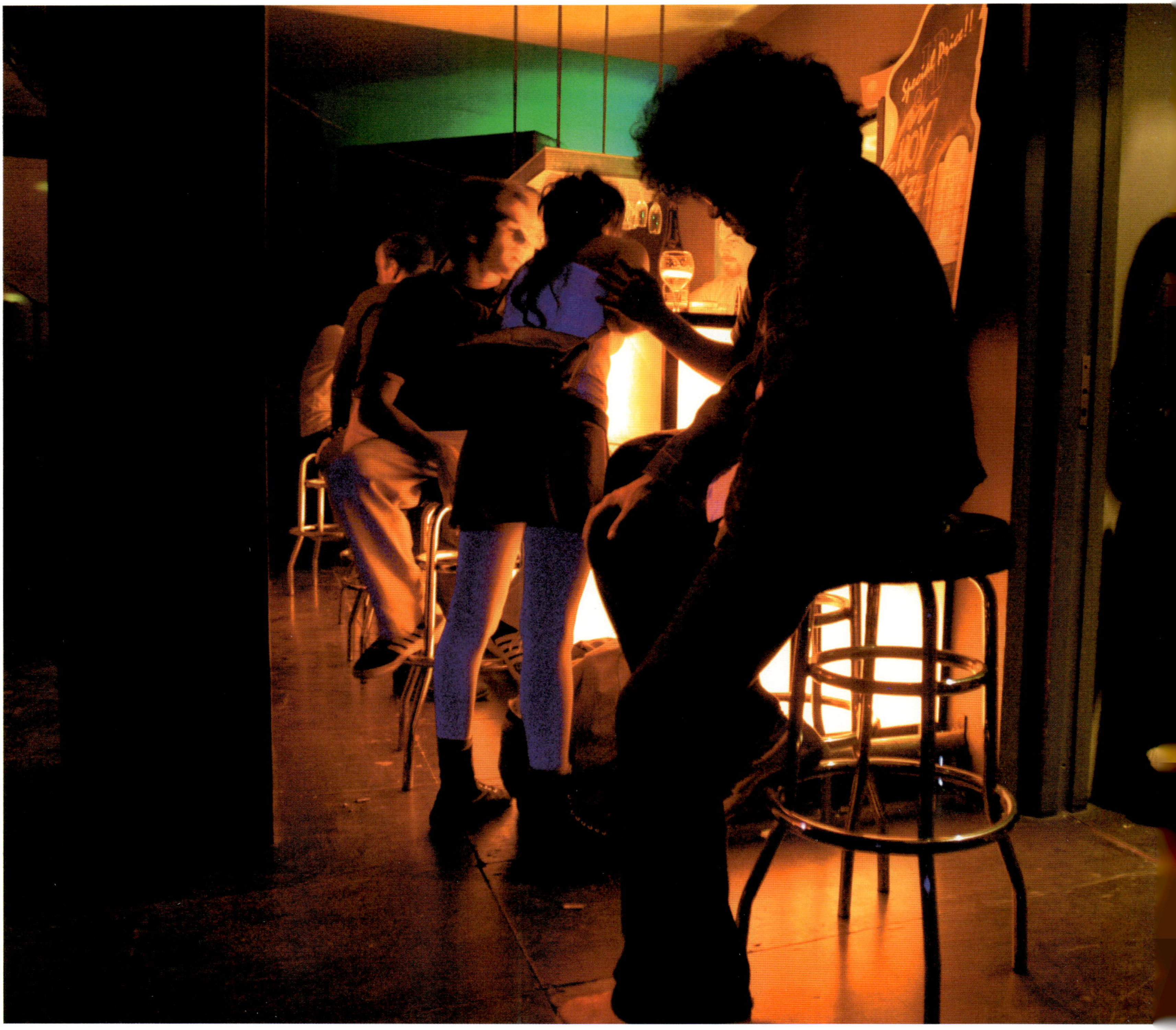
Special Price!!

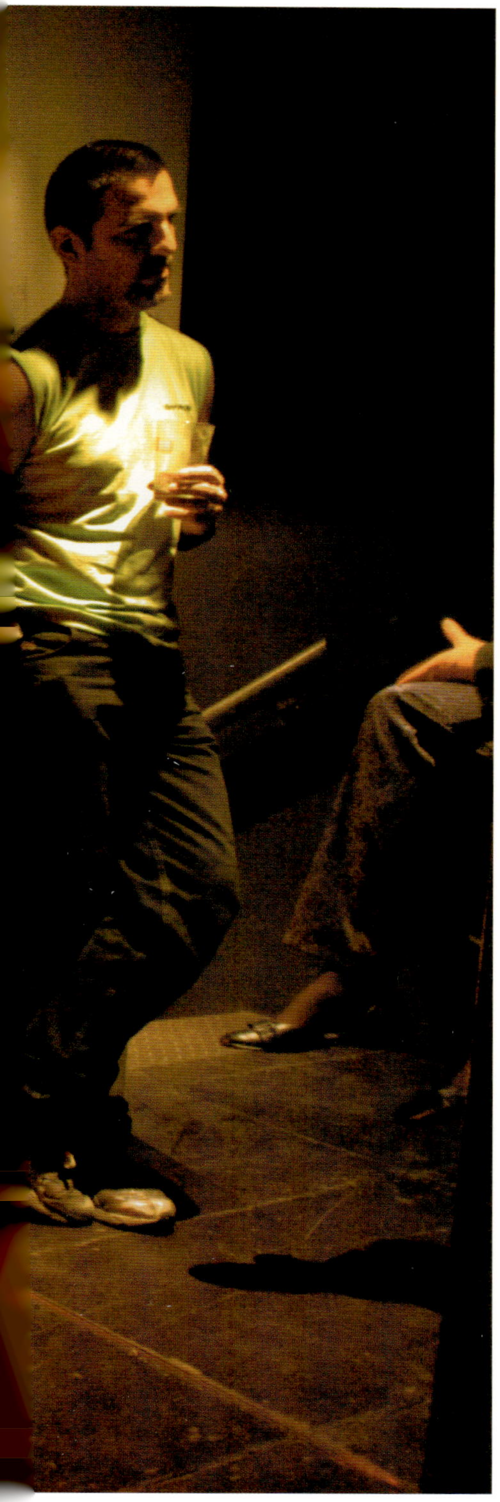

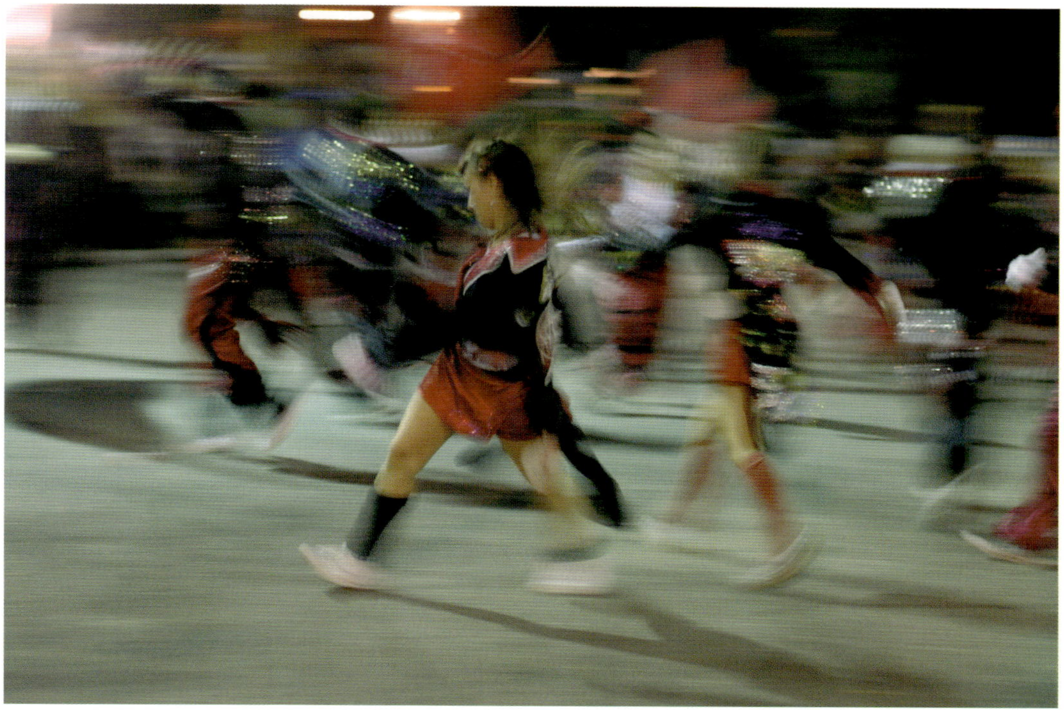

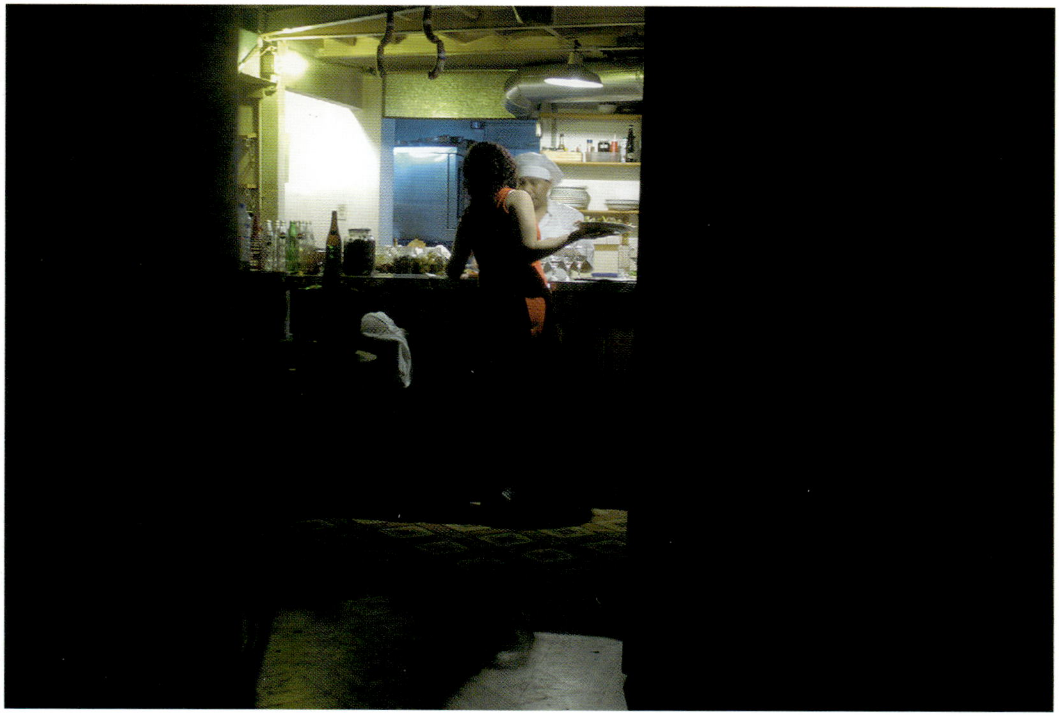

"Mi Buenos Aires querido,
cuando yo te vuelva a ver
no habrá más penas ni olvido".

Carlos Gardel. Tango

'My dear Buenos Aires,
When I see you again
There won't be sorrows or loss
of memory any more.'

Carlos Gardel. Tango

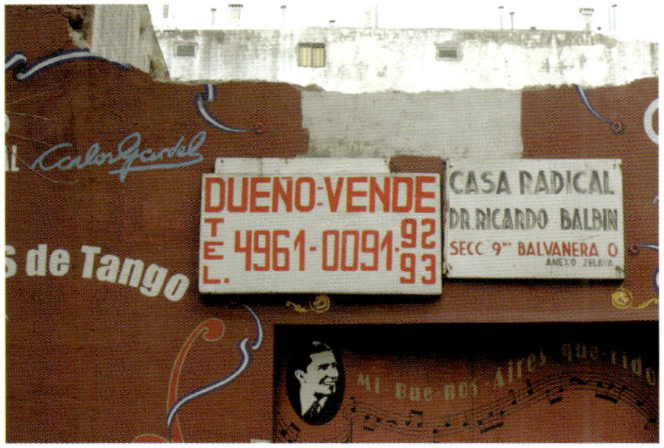

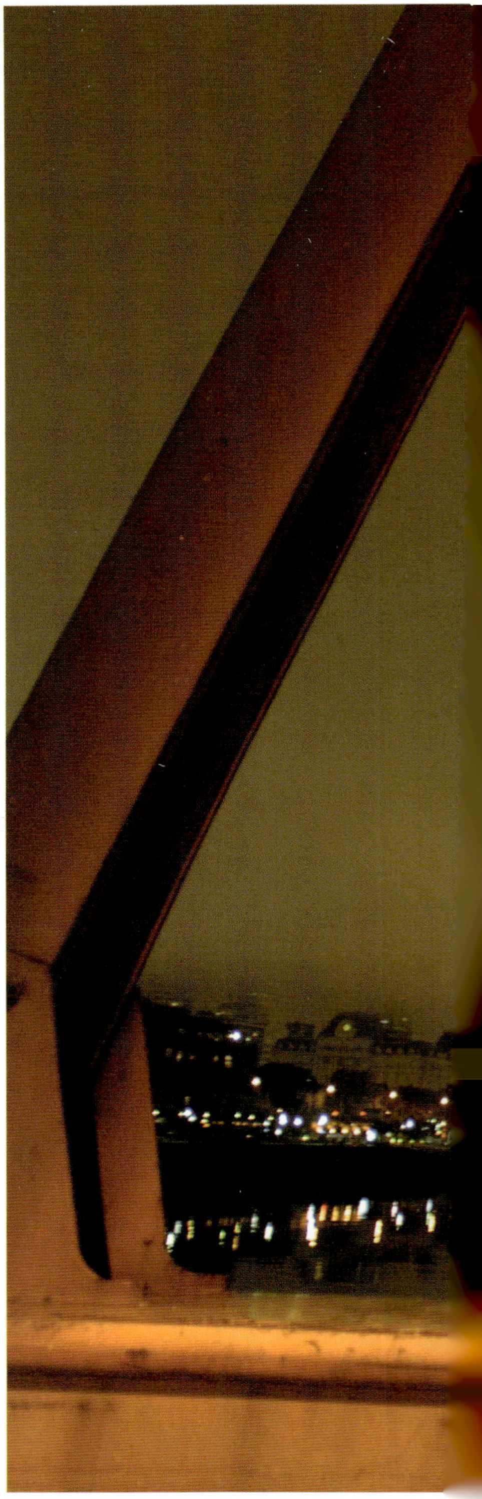

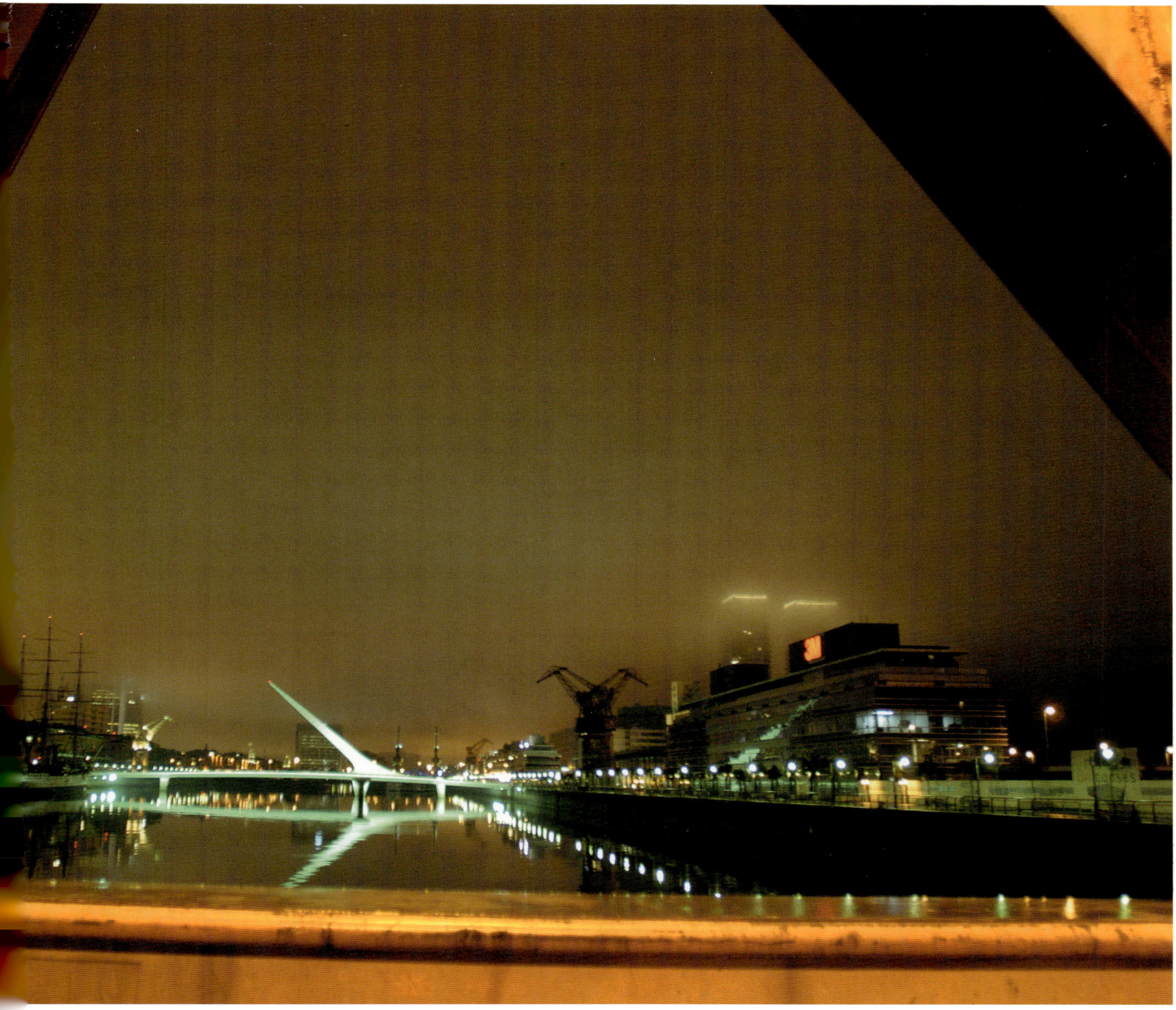
3M

Av. de Mayo 900, 4:30 p.m.

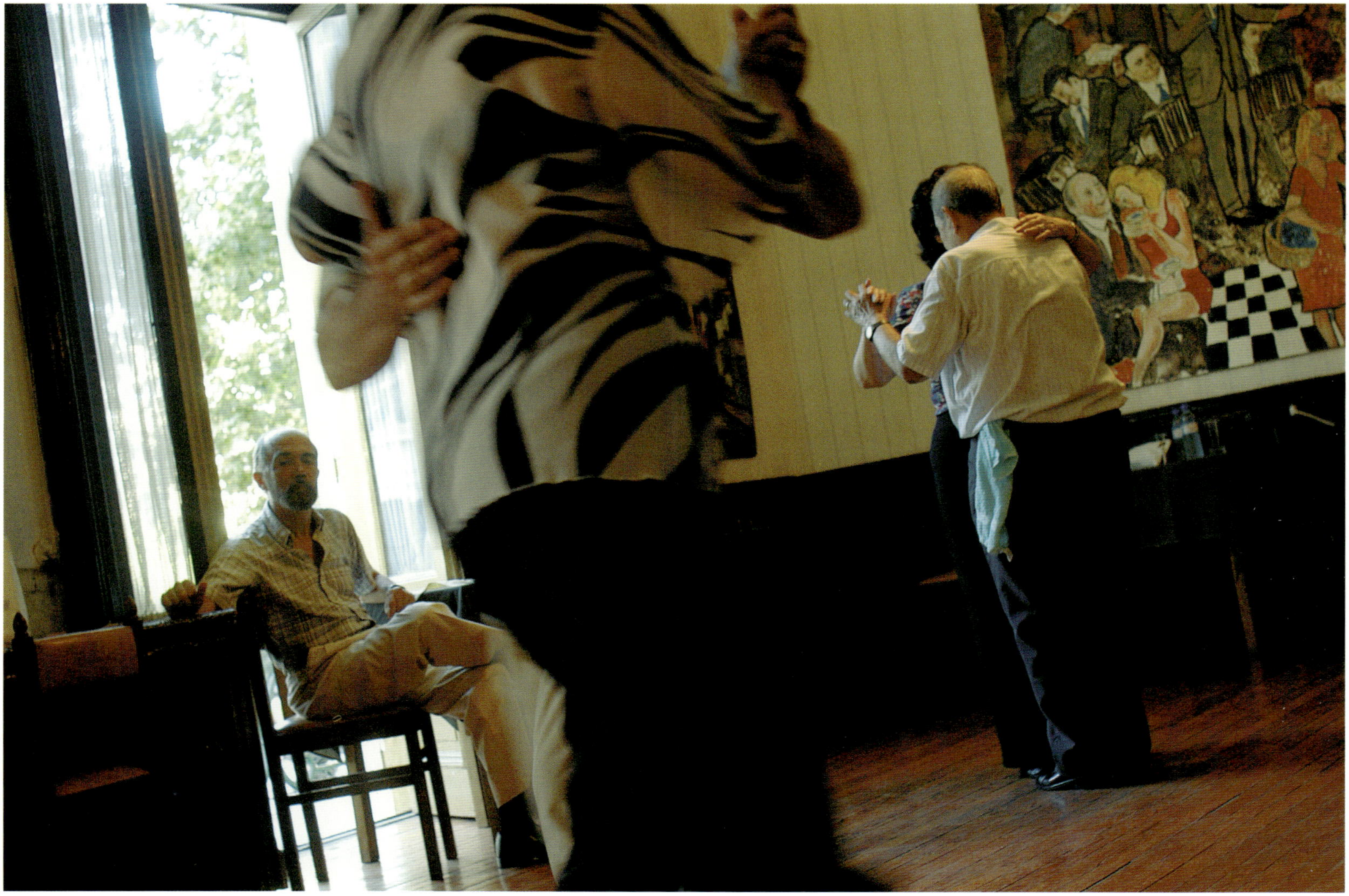

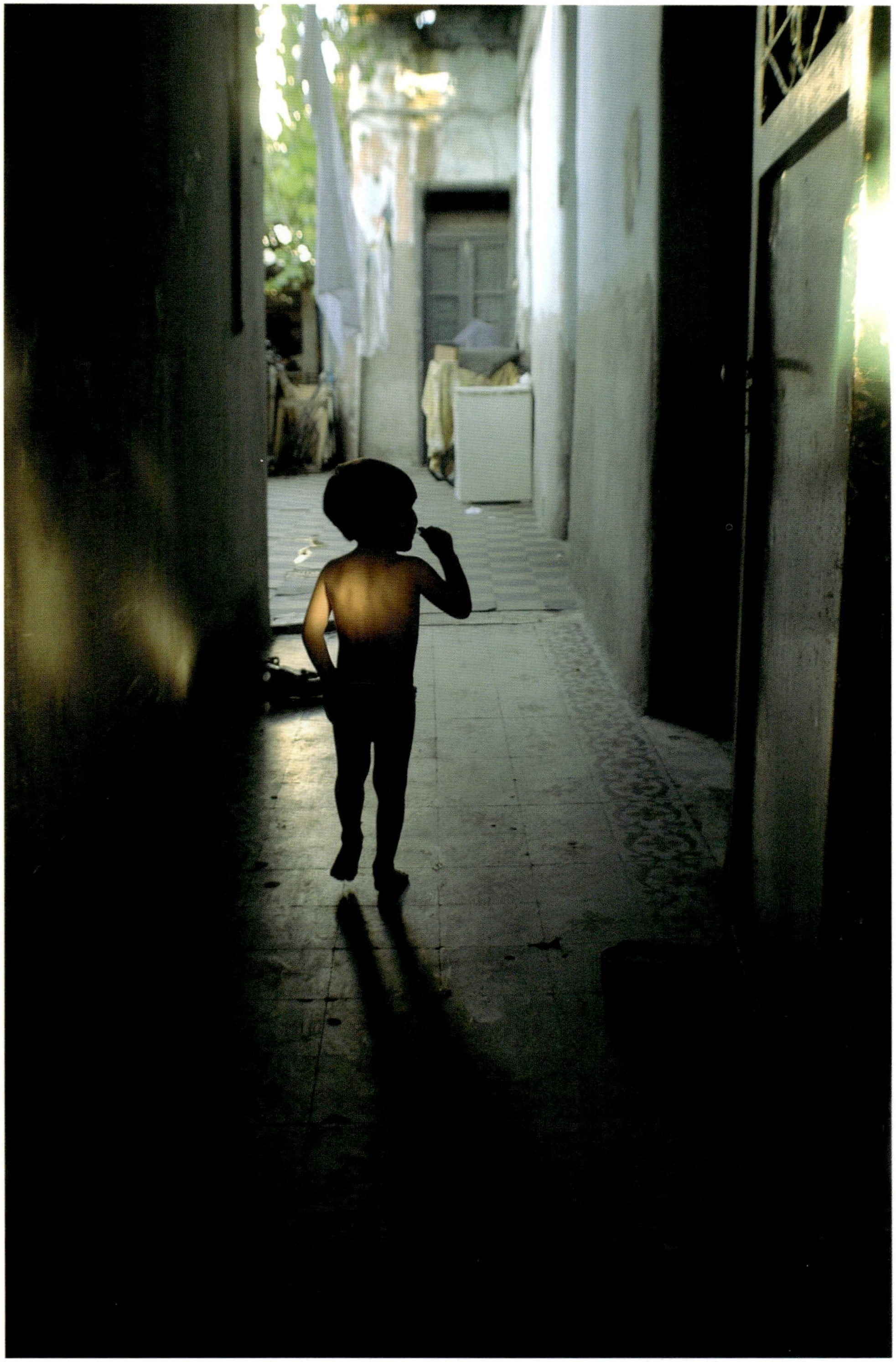

Conventillo de Palermo,
6:00 p.m.

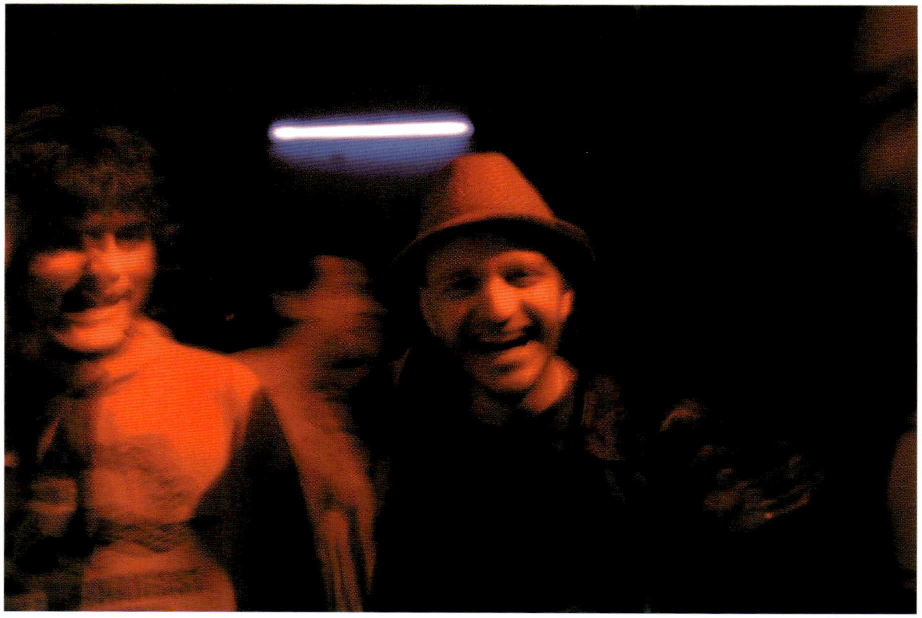

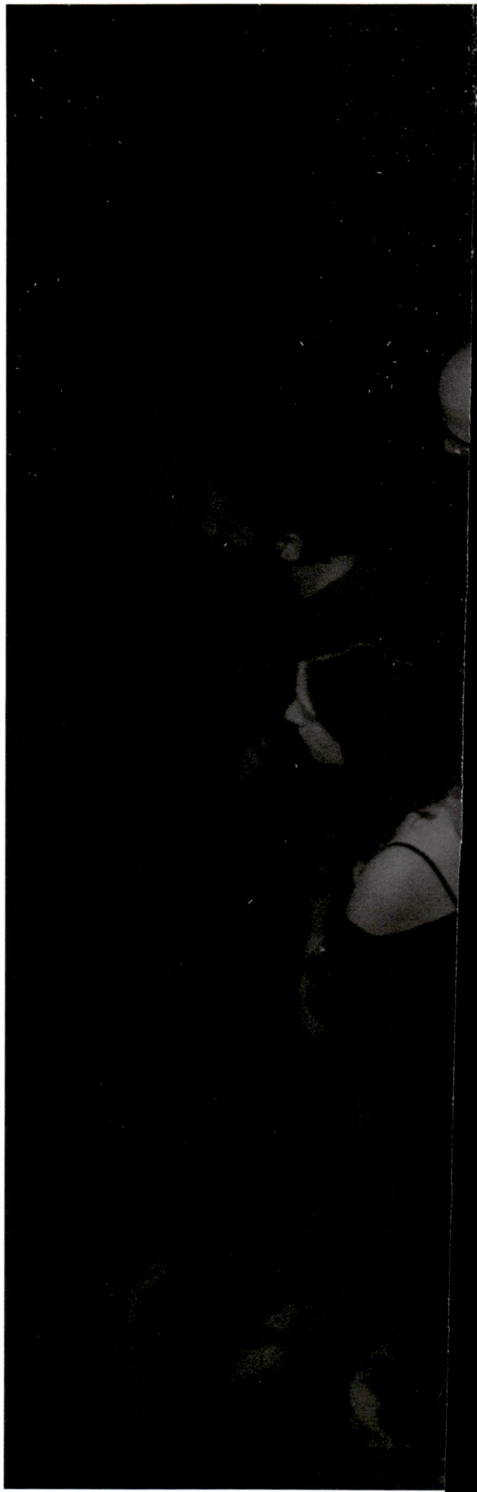

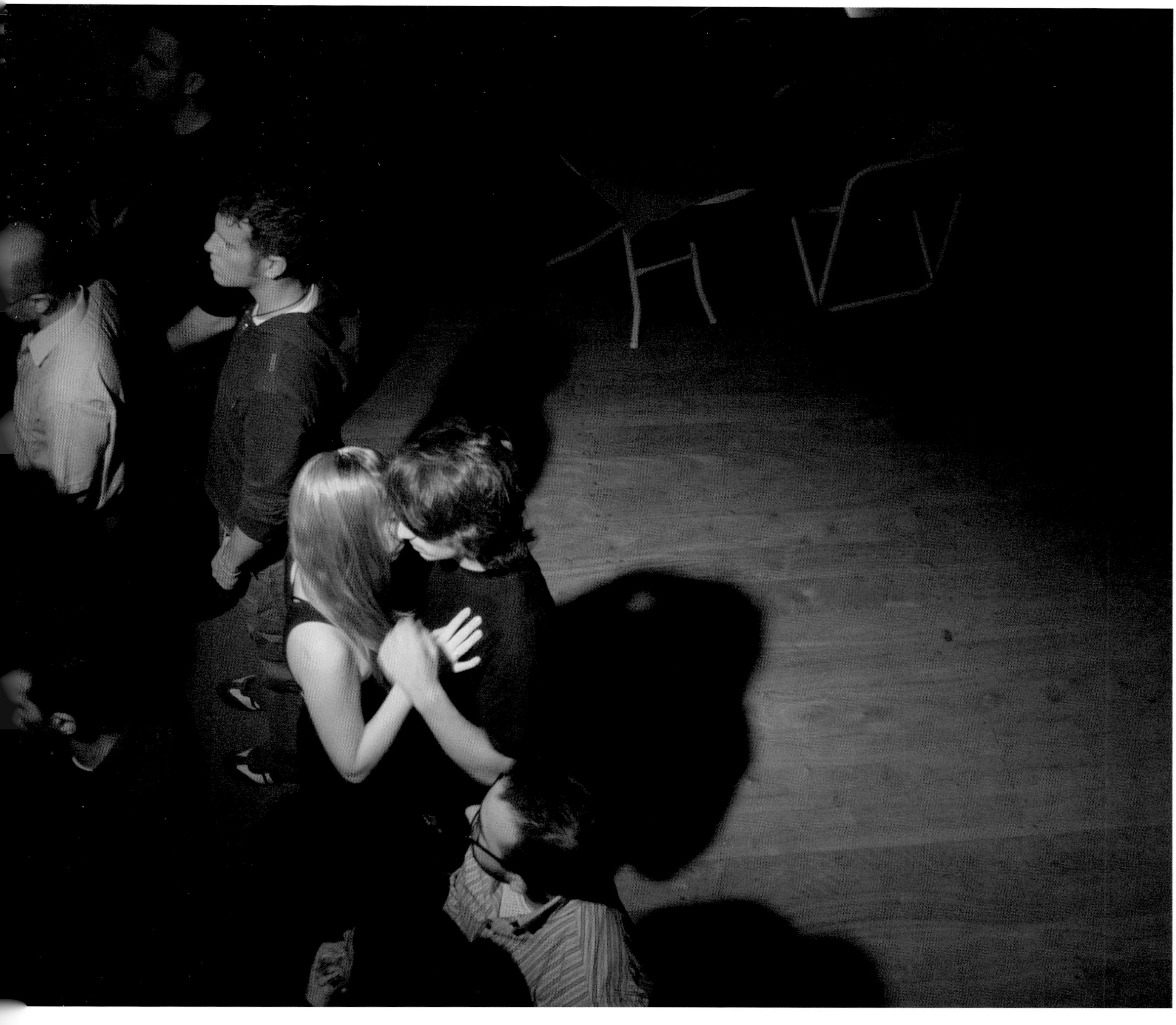

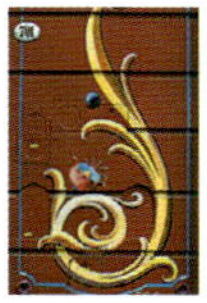

Buenos Aires es la otra calle.
La que no pisé nunca;
es el centro secreto de las manzanas, los patios últimos;
es lo que las fachadas ocultan;
es mi enemigo, si lo tengo;
es la persona a quien le desagradan mis versos (a mí me desagradan también);
es la modesta librería en la que acaso entramos y que hemos olvidado;
es esa racha de milonga silbada que no reconocemos y que nos toca;
es lo que se ha perdido y lo que será;
es lo ulterior, lo ajeno, lo lateral, el barrio que no es tuyo ni mío,
lo que ignoramos y queremos.

Jorge Luis Borges
(escritor argentino, 1899-1986)

Buenos Aires is the other street.
The one I never stepped on;
It is the secret core of the blocks, the backyards;
It is what façades hide;
It is my enemy, if I have one;
It is the person who dislikes my verses
(I dislike them, too);
It is the humble bookshop where perhaps we entered and have forgotten;
It is that gust of the whistled milonga we cannot recognise yet touches us;
It is what has been lost and what will be;
It is the hidden, the distant, the lateral, the neighbourhood neither yours nor mine,
That which we ignore and love.

Jorge Luis Borges.
(argentine writer, 1899-1986)